自媒体
视听语言
教程

孙智华 主编

文汇出版社

编委会

主编

孙智华

编委(按姓氏笔画排序)

马晓俊、陈玥伽、陈雷、范玮强、俞泽南

序言

视听语言是影视艺术的主要表现手段，创作者运用这一手段实现创作意图，观众则通过对视听语言的读解，去理解画面和声音背后所蕴含的复杂含义。可以说，视听语言既有一定的规范，但又因其内涵的宽广性，使得其无法完全被把握。

传统视听语言教程主要是对以电影为主体艺术形式的视听语言的解析，涵盖了其各个方面，如剧作、表演、摄影、录音、美术、音乐、剪辑等。同时也对电影所反映的视听语言思维进行梳理和推介，帮助创作者或导演更好地进行创新。

近年来，数字中国建设取得显著成效，据《中国移动互联网发展报告（2023）》显示，2022年中国移动互联网用户数达14.53亿户，移动互联网流量也在快速增长。有别于传统的视听传播环境，媒介技术的进化引发了新的传播态势产生，碎片化、个性化等特征冲击着人们固有的信息获取习惯。微电影、微纪录片、微综艺等短时长的新型的视听传播形式进入大众视野，这不仅为视听传播的转向探索提供了强大的推动力，而且因其与生俱来的"短"的特点，也与传统视听节目的"长"及其理论体系有着明显的不同。

由"长"到"短"的视听创作在传媒行业更是成为一种新风尚，开启了视听传播的"新时代"。《2023中国网络视听发展研究报告》显示，截至2022年12月，中国网络视听用户规模达10.4亿，泛网络视听领域市场规模超7000亿元。其中，短视频用户规模达10.12亿。短视频已成为吸引网民"触网"的首要应用，是网络视听行业发展的主要增量。

特别是随着自媒体的兴起，其传播模式与传播渠道都与传统媒体拥有截然不同的模式，以优质内容为核心，是全媒体发展的关键。

上海视觉艺术学院广播电视编导专业，拥有丰富的应用经验与案例，因应时代变化，长年以来探究全媒体时代下的传播模式，拥有丰富的教学与实践案例。短视频与中长视频因体量不同，其视听语言的形式与内涵，已然形成一套规律与方法。

此次策划《自媒体视听语言教程》，旨在全面分析自媒体时代视听语言创作的理论与实践案例。从自媒体的影像现状做切入，由视听语言的基本概念入手，论述视听语言的形式与演变，以及视听语言的特性，并结合自媒体影像，从画面、声音、剪辑手法等方面深入分析视听语言的构成要素。除教程的剖析之外，还辅以大量的第一手实践案例做解析，并整合自媒体传播模式中的传播学、心理学、营销学等理论知识，全面探究自媒体时代视听语言创作的理论与实践案例的新内涵。

全书共分五章，分别是：自媒体时代的传播变革、自媒体影像作品的视觉语言、自媒体影像作品的听觉语言、自媒体影像作品的剪辑、自媒体媒介素养。此外，本书还附录了相关政策法规及文件作为参考。

本书研究了自媒体的视听语言叙述方式，以及如何运用这种艺术手段来进行创作，并对视听语言的相关理论进行了整合与系统化的工作，目的在于帮助读者系统地学习自媒体视听语言，掌握自媒体视听语言的基本规范与原理，以及作为自媒体独特的视听语言在创作中的叙述方法及应用，开拓思维，提高自媒体创作水平。

自媒体作品作为一种视听综合的艺术，与电影等表现方式既有共同点，也有不少创新点。因此书中也穿插列举了一些案例，希望学习者在熟练掌握传统媒体视听语言的基础上，以更宽广的视野从新的媒体形式中学习和汲取新知。

感谢上海视觉艺术学院的校领导及学院领导对本专业发展和教材建设的大力支持，感谢文汇出版社给予本书出版的机会。感谢陈雷老师（第一章）、俞泽南老师（第二章）、陈玥伽老师（第三章）、范玮强老师（第四章）、马晓俊老师（第五章）为本书的编写所付出的辛劳，本书的出版是新媒体学院集体智慧和实践成果的结晶。

由于笔者和团队的水平所限，书中难免有不足与不妥之处，恳请专家学者及广大读者批评指正。

孙智华

2023年10月

目录

第一章
自媒体时代的
传播变革

第一节 自媒体的发展与演进

一、自媒体的概念

　　媒体，指交流、传播信息的工具。一般认为的传统媒体包括报纸、杂志、广播、电视。自媒体概念的出现始于2002年，丹·吉摩尔提出了"新闻媒体3.0"，并指出：新闻媒体1.0是旧媒体（Old Media），如报纸、广播、电视等；新闻媒体2.0是新媒体（New Media），如传统媒体的网络版和新闻门户网站等；新闻媒体3.0是指以博客为主要趋势的自媒体（We Media）。

　　2003年，美国新闻学会媒体中心发布了"We Media"报告，对自媒体做出了定义，"We Media是普通大众经由数字科技强化、与全球知识体系相连之后，一种开始理解普通大众如何提供与分享他们本身的事实、他们本身的新闻的途径。"此外，"Self-media"也被用来表示自媒体，近年来在国外被普遍接受和使用。2006年，《南方周末》的《Blog：个人日记挑战传媒巨头》一文，在引用丹·吉摩尔的"新闻媒体3.0"时，使用"自媒体"对应We Media，自此，中文的"自媒体"一词开始进入大众的视野。

　　需要指出的是，目前一般意义上的"新媒体"不再局限于丹·吉摩尔提出的新闻媒体2.0，而是更多集中在技术的使用和呈现方面。官承波在《新媒体概论》一书中指出:"广义上的'新媒体'可以做如下界定:是利用数字技术、网络技术和移动通信技术,通过互联网、宽带局域网、无线通信网和卫星等渠道,以电视、电脑和手机为主要输出终端,向用户提供视频、音频、语音数据服务、连线游戏、远程教育等集成信息和娱乐服务的所有新的传播手段或传播形式的总称"[1]。因此,新媒体和自媒体在一定意义上可以理解为从属关系,自媒体是新媒体的具体形态之一。自媒体所依赖的技术手段、输出设备、内容形式及相应形式,都在新媒体涵盖的范围之内。

关于自媒体,对其概念的认识和理解,一直处于讨论之中,虽然还没有形成完整的概念,但总体而言,自媒体作为新媒体的形态之一,在新媒体的共性和技术条件基础上,又具有一定的独特性。首先是"个人的",即内容的生产者和传播的组织者不是仅来自政府和传统意义上的媒体机构;其次是"自主的",即可以自主选择形式、内容,发布的时间及删改和删除;再次,自媒体的运营须借助自媒体平台完成,目前较有代表性的自媒体平台有微博、微信、今日头条、知乎、抖音、小红书、B站、喜马拉雅FM等。随着相关技术的发展,大众获取信息的方式和途径更加便捷、快速、多样、丰富,人人都可以成为发布者和分享者,且具有较强的社交属性。

自媒体拓宽了"媒体"的边界,"人人都是自媒体"的观念被普遍接受。

二、自媒体的类别

关于自媒体的类别,目前尚没有明确的标准,自媒体也始终处于快

1. 宫承波. 新媒体概论 [M]. 北京:中国广播电视出版社,2021.

速发展的动态中。基于不同的维度，自媒体的类别划分有多种情况。

从传播形态上，可分为图文类、音频类、视频类。同时，各自媒体平台基于自身的定位和发展方向，以及对用户的分析，也在不断调整和变化，并呈现出多种形态的并存或融合。

从传播主体或运营主体上，大致可以分为个体型自媒体和组织型自媒体两类。个体型自媒体主要指以个人为主体，基于兴趣、爱好、特长及专业知识进行的信息和内容的制作、发布、运营等，个性化较为鲜明；组织型自媒体主要指组织或单位，基于信息传播及宣传、营销、销售的目的而进行的信息和内容的制作、发布、运营等，其中又包括由传统媒体衍生出的自媒体、其他组织机构自行运营的自媒体。

由于传播形态、传播主体的多样性，以及二者内部的复杂性，从信息和内容属性上对自媒体进行梳理，更为契合本教材所要讨论的"视听"主题，即，资讯、生活、知识、技能和直播五种类型。其中，资讯类主要包括各类新闻，以及对社会话题的评议或转述，对各类企业信息和产品、服务的披露发布等；生活类主要包括与大众生活相关的，如餐饮、旅游、汽车、房产等行业及求学就业等类别的信息，以及相关的观察、体验、评议等，还有情感类、养生类信息等；知识类主要包括对人文科学、社会科学、自然科学等领域，具有一定专业背景的介绍、解读、普及等；技能类主要包括与日常生活相关和专业性的技能技巧的介绍、体验、评议等，如美妆、厨艺、维修等；直播，指网络直播，主要是通过视频将现场的制作、发布和互动结合于一体的自媒体呈现形式。在一定程度上，直播的内容涵盖了前四种类型，但依然具有独特的内容属性，因此将其单独列出。

三、自媒体的特征

自媒体伴随着互联网技术和数字技术而发展，无论是自媒体平台还是自媒体运营者，都依赖于技术的进步与支撑。因此，从互联网特性的角度更有利于梳理对自媒体特性的认识。同时，作为"媒体"的一种形态，自媒体的内容生产与传播，与传统媒体存在很大的不同，在二者的比较中可以较为清晰地显现其特征。

自媒体的特性主要表现在七个方面。

1. 大众性

根据《中国互联网络发展状况统计报告》（第51次）显示，截至2022年12月，我国网民已达10.67亿，其中手机网民规模为10.65亿，网民中使用手机上网的比例为99.8%。大众借助手机可以便捷地参与信息与内容的发布和分享过程。与传统媒体单向、一对多的传播方式不同，网民可以通过自媒体发布和分享信息，成为传播过程的一个节点。

2. 即时性

自媒体让信息和内容的传播速度得以大幅提升。大众在某一个或多个自媒体平台注册后，即拥有了自媒体账号，通过电脑、手机等设备，根据平台属性发布和分享图文、音频、视频等。信息和内容的发布、分享可以即时完成，并即时得到反馈，形成了双向或多向的零时差交流。同时，在转发和评论中可以产生裂变，使信息具有几何级传播的可能。

3. 交互性

在互联网中因为没有时空的限制，在接收信息的同时，用户可以对信息进行转发，也可以收藏或者评论，以表明对信息所表达的内容、情感的态度；可以与分享者或其他阅读者展开讨论，即用户与用户之间的交互。同时，作为信息的一部分在有关页面呈现，可以引发进一步的传播和讨论互动，提升了用户参与感与获得感，甚至扩大了个人的社交圈层。此外，自媒体平台根据数据分析向用户推荐信息和内容，并产生积极的反馈和进一步的传播，一定程度上形成了用户与平台之间的交互。

4. 垂直性

自媒体为了获取用户关注，在某一领域持续加强信息和内容的专业度和深度，以提升认知度和知名度，增强自身品牌力。同时，用户基于个人的年龄、性别、职业、兴趣爱好发布和分享信息，逐步形成了具有共同点的受众群体，产生了用户聚合，使得信息的传播更为细分，更易于产生多对多的传播。自媒体的垂直性更为有效地满足了用户的个性化需求和兴趣，传播效率和影响力及反馈也更为直观、精准和有效。

5. 碎片化

碎片化从140字的微博时代就已经显现，随着短视频的兴起，这一趋势会更加明显。与传统的连续、系统的信息传播方式不同，碎片化更加关注信息的关键因素，对信息的制作、发布、分享等各个环节都产生了深远的影响。在信息的快速传播方面，碎片化起到了一定的积极作用，对于用户而言，则需要不断提升获取、分辨及综合碎片化信息的能力。

6. 人格化

人格化即自媒体账号在运营上的"人设"打造，将个人特质融入到创作中。无论是个人型自媒体还是组织型自媒体，通过形象设计（真人或虚拟形象）、性格特征、语言风格及页面和互动环节的设计等手段，让用户快速接受并产生情感连接，提升影响力和传播效果。

7. 视觉化

以视频为中心的文字、图片、音频的融合趋势已越来越明显。图片、视频等视觉呈现更为生动、直观，具有较强的感官冲击力。视觉化的手段和方式已经越来越易于获得并操作，打破了传统媒体的单一化模式，增强了信息和内容的吸引力和感染力。

从自媒体平台到自媒体账号运营者，从内容形式到呈现方式，始终处于变化中，自媒体的新特征、新特性也在不断显现。因此，需要从不同角度对其持续观察、认识与分析。

思考：

1. 请谈一谈自媒体与新媒体的区别。

2. 请谈一谈自媒体的主要特征。

3. 请谈一谈对自媒体"人格化"趋势的理解。

第二节 自媒体的传播

一、自媒体的传播现状

媒体，指交流、传播信息的工具。一般认为的传统媒体包括报纸、杂志、广播、电视。自媒体概念的出现始于2002年，丹·吉摩尔提出了"新闻媒体3.0"，并指出：新闻媒体1.0是旧媒体（Old Media），如报纸、广播、电视等；新闻媒体2.0是新媒体（New Media），如传统媒体的网络版和新闻门户网站等；新闻媒体3.0是指以博客为主要趋势的自媒体（We Media）。

在传播技术不断进步、优化和发展的过程中，自媒体在传播速度、广度及方式、形式等方面也随之发生变化。了解自媒体的传播，需要从自媒体平台和作为个体的自媒体账号两个层面分别讨论。

自媒体平台，目前还没有明确的定义，一般理解为，是为作为个体的自媒体用户提供信息传播的平台。从应用的角度看，可以理解为基于移动互联网的有关手机App应用，但又不只是面向所有用户的创作与浏览页面，还包括面向创作者的创作管理后台，平台内部的各种管理体系及相应的技术支撑。常见的App如微博、微信、小红书、B站、抖音、快手，一般都被称作自媒体平台。大众在注册后即可成为其用户，享有自媒体平台依法依规地发布、分享和传播信息的权利。

在这个意义上，自媒体平台为自媒体用户提供服务。自媒体用户的发布、分享、评论等行为，为自媒体平台带来更多用户并转化为流量进而赢利，维持和推动平台的持续发展。

早期的自媒体平台以信息为核心，打破了传统媒体的单向传播模式。在此基础上，逐渐发展为以用户为核心，即围绕用户的需求进行平台的设计和优化，并逐步呈现出社交传播和算法传播两种传播方式。

社交传播利用互联网技术手段使信息在交互过程中传播，逐步形成了信息的传播网，营造和提升了在场感和参与感，促使信息接收者的二次传播甚至是再创作，并增强了信息传播网络中的情感联系和情感共鸣。

与此同时，借助大数据等有关技术，基于社交属性的算法传播开始在自媒体平台应用和兴起。自媒体平台利用大数据、云计算及人工智能等分析，将信息推送给对某一类信息可能感兴趣的用户，从而再一次扩大了信息的传播广度且更加精准。通过用户的反馈，自媒体平台对信息生产和传递不断优化算法传播，进一步扩大了传播效率，也增强了用户黏性，为自媒体平台以"粉丝"和"流量"为标准的变现赢利提供了基础。

算法传播实质上已经涵盖了社交传播，具有社交属性的算法传播已经成为目前自媒体传播的重要方式，自媒体平台在运营中不断通过技术的投入使之越来越精准高效，用户获取信息的即时性和便捷性也得以提升。

自媒体账号，无论是个体型还是组织型，为了得到用户的接受和认可，需要持续提供优质的信息和内容。随着自媒体平台后台数据服务的提升，自媒体账号从自我的单相定位，过渡到自我与平台、与行业领域、与粉丝的多向定位，可以对用户进行更为精准全面的画像分析，并以此调整自身定位、视觉呈现、表达方式等。为了服务"粉丝"，需要"内容"与"运营"并重，在自媒体账号与粉丝之间形成良性的互动，并由粉丝反向推动自媒体账号的内容生产与对外传播。自媒体账号持续强化和打造"人格化"形象，体现垂直性、专业性、差异性，以情感为纽带、以交互为主要手段，推动信息和内容的传播。

网络直播兴起以来，自媒体账号在平台的推动下纷纷进入这一领域。网络直播从内容属性上看，涵盖面更加广泛；从特征上看，其呈现和交互更为即时直接，"人格化"更为明显，从而成为自媒体账号获取新用户、服务粉丝的重要方式之一。一方面，传统线下活动的网络直播增强了用户的现场感和参与感；另一方面，具有带货诉求的网络直播，构建了人设、场景、货品的视频化呈现，在信息的传播上为用户接收、分享包括购买提供了新的场景。

总体而言，借助移动互联网、大数据分析等技术手段，自媒体的传播更加便捷、精准、高效，呈现形式更加丰富多样并仍在不断探索中。但需要注意的是，信息茧房效应可能会更加明显。

二、自媒体的传播特点

自媒体的传播，可理解为自媒体发布、分享的信息的传播，包括文字、图片、音频、视频等各种形式的内容。与传统媒体的信息传播相比，自媒体的信息传播因为有各类技术手段的支撑，更加开放、多样、生动。主要表现在四个方面：

1. 主体多元

在传统媒体环境下，信息传播由专业机构完成，其具有一套相对完整规范的系统，真实度高、可信度高，但是信息的交互性较弱。微博、微信等自媒体平台出现后，大众开始从接收者向参与者转变，逐渐成为传播链条上的一个节点，进而形成了以大众为主体的信息传播网络，并可以进行发布、分享、评论。一定意义上，人人都是信息的接收者也是发布者。信息的发布不再需要遵循传统媒体的生产机制完成，而是根据个人意愿发布文字、图片、音频、视频等，信息内容更加宽泛多样。同时，自媒体具有较高的社交属性，信息的再创作和二次传播更加便捷，信息的传播主体从单一转变为多元。

2. 渠道多样

多种自媒体平台的发展，为信息的多种途径传播提供了可能。一方面，用户可以根据不同自媒体平台的特性发布和分享相关形态样式的信息，基于社交和算法被传播出去；另一方面，因为用户的分享，信息在不同自媒体平台之间形成跨平台的二次传播。不同的自媒体平台为信息传播提供了更多的渠道。在信息传播过程中，传播主体具有核心作用，主体的多元让信息的传播渠道更加多样，呈移动互联网之上的多对多的网状模式。

3. 数据评判

自媒体平台对自媒体账号的评判，即内容质量、用户反应和影响力等，主要来源于数据的分析，如浏览量、点赞量、收藏量及停留与跳出时长、完播率等，并结合算法推荐给予更多的流量，推动信息的进一步传播。通过对海量个体用户浏览的习惯和反馈的分析，自媒体平台对用户行为和信息呈现的特点更为明晰，让用户与信息实现更加精准地匹配。自媒体账号根据自媒体平台的各项数据指标，对信息和内容的生产、发布的形式和流程进行改进、提升。各项具体的量化的数据指标，成为信息和内容是否可以继续传播及影响力大小的标准。

4. 情感传播

情感传播是传播活动主体思维采用情感逻辑的结构和指向方式，通过情感主体活动影响传播受体，以情感为基础和传播纽带，力求达到传播活动的目的和需求[1]。一方面，自媒体平台通过算法推荐让用户和信息产生连接；另一方面，自媒体账号通过加强"人格化"，展现个人的真情实感，让这种连接产生情感的共鸣，评论、点赞、收藏、转发即是情绪的感染而产生情感共鸣的具体表现。情感共同体增强了用户黏性，在共鸣和互动中提升信息传播的效果。

三、自媒体的传播策略

自媒体的传播策略对自媒体平台、自媒体账号和用户及行业发展都具有重要的意义。自媒体平台通过对内容、数据、用户的综合分析，定位具有自身属性的传播策略。在此基础上，自媒体账户得以更好地明确自我定位并制定相应的内容策略；用户得以快速、便捷地获取更具价值的信息，并更为深入地参与到互动和进一步的传播。同

---

1. 李建军，刘会强，刘娟. 理性与情感传播：对外传播的新尺度 [J]. 江西社会科学，2015, 35 (05)：240-245.

时，合理有效的传播策略对自媒体行业的进一步成熟和规范化等，都具有积极的作用。

首先，以用户为核心，以内容为根本。自媒体信息的传播，以用户为核心，以数据形式体现的用户需求，成为自媒体平台和自媒体账号运营的逻辑起点。而用户的核心需求，是信息及其蕴含的情感表达，因此自媒体的价值依然体现在信息即"内容"的生产与传播上。内容是传播的根本，是出发点也是归宿，用户的分享和评论等，都是基于内容的浏览。失去内容生产力的自媒体，如无根之本、无源之水，不可持久。

用户需求一直存在，对用户需求的大数据的分析越来越明确，这就要求自媒体依据自身能力持续进行内容产出。同时，因为自媒体的海量信息，给用户带来了信息超载，如何满足和引领用户需求，成为内容产出的关键。

其次，合理利用数据和技术手段。自媒体平台广泛应用算法推荐，使信息向用户精准推送并形成二次传播，用户对自媒体平台的黏性进一步增强。同时，有关数据和参数标准向自媒体账号开放，为信息的针对性生产和传播，提供了依据和参考。数据和参考标准"指挥"了信息的生产和传播。一方面，通过大数据分析的信息传播效果，整体反映了用户需求及其反馈，可以说是对自媒体平台上所有"传播主体"的"客观分析"；另一方面，作为用户的"人"的温度和价值，都在转化并表现为数据，似乎自媒体已被数据主导。

自媒体账号作为信息传播网络的重要节点，在参考数据标准的同时，更需要从"人"和"情感"的层面认识自我和用户。人工智能参与信息的生产和传播，也存在同样的问题。信息和内容是为人服务的，数据是信息生产和传播的工具，不是目的和意义所在。

再次，运营优化和持续赢利。自媒体运营大致可以分为内容、用户、产品三个层面。内容即本书所指的信息，内容运营指通过对用户、竞品、数据的分析，推进内容的生产与传播；用户运营指在内容生产和传播的同时，关注用户反馈、提升用户黏性、留存老用户、拓展新用户；产品运营是以上二者的综合，是自媒体账号的品牌运营与赢利手段。

自媒体的良性发展需要具有健康而清晰的盈利模式，目前主要有平台分成、广告、带货、IP打造及提供其他线上线下服务等方式，其逻辑可以理解为基于信息和用户的"流量变现"。同时，优质的信息生产和传播不一定就能实现对应的盈利，因此又可能会制约自媒体的生存和发展。自媒体需要通过不断优化运营，根据用户需求有针对性地进行内容生产，通过合适的传播方式，引起接收者的情感共鸣并转化为"粉丝"，并在这一过程中提供产品服务实现盈利，完成自媒体自身的运营闭环。

思考：

1. 请谈一谈自媒体与传统媒体传播的区别。

2. 请谈一谈自媒体的社交传播。

3. 请谈一谈自媒体的算法传播。

第三节 自媒体行业的发展及趋势

一、市场规模与商业模式

自媒体行业起始于博客兴起的2002年，继而随着微博、今日头条、微信等自媒体平台的相继推出，自媒体得以不断发展。2015年以来，直播和短视频快速发展，使得自媒体进入快速成长阶段。作为文化产业的一部分，自媒体发展极其迅速，不同类型、不同风格的自媒体账号大量涌现，激发了公众的创作热情，满足了多元化的需求，且类型多样、覆盖面广、专业化趋势越来越明显。据相关数据显示，2021年全国自媒体用户总数7.45亿，全职从事"自媒体"的人数达到370万人，而兼职人数超过600万人。截至2021年，自媒体营销市场规模突破2500亿元。预计到2023年底，全国围绕整个自媒体的广告市场将会超过3000亿规模。

特别是在短视频领域，《2023中国网络视听发展研究报告》显示，网络视听用户规模达10.4亿，预计到2025年，中国短视频行业市场规模会达到1万亿元。《2022年度中国电子商务市场数据报告》显示，2022年，直播电商市场规模达到3.5万亿元。自媒体扩大了内容电商的边界，延展了其内涵，在一定程度上解构并重塑了销售渠道和营销方式，在引导和规范下将具有广阔前景。

一般认为，商业模式是企业创造价值、传递价值及价值捕获的基本机制设计和原理。与赢利方式相比，商业模式更加完整系统。随着自媒体逐步深入社会生活的各个方面，其对盈利的追求即商业模式的实现更为迫切。整体而言，价值的创造、传递和捕获，都围绕"流量"展开。

目前自媒体的商业模式主要可分为两大类。一是泛广告模式，包括自媒体平台实行的平台分成、自媒体广告、电商推广等；二是泛电商模式，包括以带货为主的线上电商、社交电商，基于自身优质内容的打赏与付费订阅（即内容付费），以及提供其他线上或线下服务等。此外，孵化贴合自身特性与品牌特质的IP，成为自媒体提升服务能力和增强核心竞争力的重要方式。同时应看到，IP打造是一个更为系统的过程，自媒体账号需要发展到一定程度，且需要投入时间成本和财务成本。总体而言，IP的孵化和打造是自媒体在探索商业模式进程中一种较为高级的方式。

二、 社会价值与行业规范

自媒体的兴起与发展，改变了传统的信息传播方式，进而对大众的思维方式产生了影响，给社会生活和经济发展带来了新的变化，主要表现在四个方面。

提升信息传播效果。信息的快速传播，对经济社会发展具有重要作用，各行业、各领域自媒体账号的出现，使得信息更趋于垂直并多样。新技术的广泛应用，使得信息的传播更加即时并精准。自媒体以用户为核心，可读性、趣味性更高，普及化、个性化、可视化的趋势越来明显，自媒体及其信息与用户之间的匹配度越来越高，在生产机制、传播渠道、传播方式等方面都有利于推进信息的进一步传播，信息对接收者的思想、态度、行为及周围环境能够产生更深远的影响。

推动商业模式创新。新媒体通过信息传播服务用户，促进了技术、文化、商业活动的新融合，内容电商、兴趣电商、搜索电商和粉丝经济的概念被纷纷提出，并在各行业中广泛探索与实践。此外，信息的传播直接带动了商品和服务的销售，对企业和服务商的各环节产生了巨大的影响，甚至解构并重塑了销售渠道和营销方式。这些都将推动商业模式的不断创新。

拓宽就业渠道。一是个体型自媒体在发展到一定阶段可转化为创业项目；二是组织型自媒体作为各类企事业单位组成部分的重要性日渐提升，随着工作职责的细化而增加岗位；三是自媒体与技术、文化、商业活动融合的过程中，扩大了产业链条相配套的就业需求。

促进文化交流。随着自媒体内容的丰富及用户地域分布的广泛，自媒体可以促进不同国家和地区之间的文化交流和互鉴，在弘扬和传播中华优秀传统文化，展现当代社会发展成就和彰显文化自信，促进海内外文化产业发展等方面，发挥积极作用。

为了保证自媒体的有序健康发展，使其在社会生活和经济生活中发挥正当的积极作用，须加以必要的引导和规范。政策层面，完善相关法律法规，探索新型管理方式，加强以社会主义核心价值观为核心的价值引导；监管层面，依法加强对自媒体平台的监督和管理，增强公众的监督能力，合力维护自媒体行业规范与健康发展；自媒体平台层面，提升社会责任意识，加强行业自律，细化平台管理规范，优化和改进算法机制，正向引导创作和传播；自媒体从业者层面，提高其自身理论素养和创作能力，以更优质的内容满足用户需求，同时，不断加强和提升全民媒介素养。

2023年7月公布的《关于加强"自媒体"管理的通知》，涵盖了产品形态、资质认证、运营规范、盈利模式等多个方面，将进一步推动自媒体行业的规范发展。

三、 行业前景与机遇挑战

5G和人工智能的持续发展，自媒体平台和从业者的实践，媒体融合趋势的加强，用户规模的继续增长，以及相关政策法规的完善与实施，使自媒体行业具有广泛的发展前景。自媒体已经冲破了传统认知下的"媒体"范畴，渗透到社会生活的各个方面，信息与信息的传播对各行各业都产生了深远的影响。

随着用户需求的提升与升级，自媒体行业将更加垂直化、精细化，为提供更具广度和深度的信息服务。同时，也将促进自媒体运营的团队化、专业化，管理和运营流程也将更加完整和成熟，商业变现能力进一步增强。自媒体行业也将创造和提供更多的就业机会和岗位。自媒体用户可以结合自身优势持续运营自媒体账号并实现盈利，进而吸收更多就业者。此外，自媒体行业与科技的融合趋势也更为明显，这些对整个新媒体产业都将产生积极的推动作用。

此外，"视频"尤其是短视频在自媒体信息中的比重日益提升，用户接受度越来越高，已经成为最热门的自媒体形态。近年来，短视频自媒体平台积极布局电商带货、知识付费、本地生活服务，均取得了一定的成效，并吸引更多自媒体账号参与其中，逐渐形成了集娱乐、学习、消费于一体的新的生态系统，优质内容的生成与传播需求将更为迫切。

当然，自媒体行业依然是挑战与机遇并存。第一，在数据安全、用户信息保护方面，需要有关各方从政策、监管、技术等多个层面合力维护；第二，在信息生产与传播方面，知识产权的保护，虚假信息、网络暴力的防控监管措施，需要不断完善健全；第三，人工智能、大数据、区块链等的技术创新，对新媒体行业的发展提出了更高的要求，如何正确利用新技术拓展传播渠道、掌握新型传播工具等，都需要持续关注和探索；第四，自媒体平台及自媒体账号方面，正当竞争，正确的流量导向，优质内容的持续生产及"劣币驱逐良币"现象的防范等，都需要在探索中坚持正确的方向，坚持文化、技术和创意结合的原则，促进整个行业健康有序和创新发展。随着移动互联网技术的发展和新媒体技术手段的更新，以及政府、平台机构和大众对自媒体理解和认识的深入，自媒体行业将在社会发展和文化产业中发挥更为重要的作用。

思考：

1. 请谈一谈自媒体的商业模式有哪些。

2. 请谈一谈对自媒体行业规范的认识。

3. 请谈一谈对自媒体创业的认识。

第二章
自媒体影像作品的
视觉语言

第一节 基础概念

一、什么是视觉语言

从广义上来说，视觉语言（Visual language）就是使用视觉元素的一种交流系统。因为语言作为一个概念很难将自己从包含无数视觉元素在内的整个人类交流过程中独立出来，在本书中，"语言"用于描述视觉符号在交流过程中的感知、理解及其延伸。

正如人们可以用"语言"表达他们的想法一样，人们也可以将这个过程"形象化"，图表、地图和绘画都是视觉语言使用的范例，其构成单位包括线条、形状、颜色、形式、运动、纹理、图案、方向、方位、尺度、角度、空间和比例等。图像中的元素代表了语境中的互文背景，而不是作为一种线性结构来发挥作用。视觉语言是人类进行交流所依赖的一种普遍形式。

具体而言，在一般的视觉元素中，线条和标记形式被构造成有意义的形状、结构或符号。来自伦敦大学学院（UCL）神经美学教授森马·泽基（Semir Zeki）通过研究人类大脑对米开朗基罗、伦勃朗、维米尔、马格里特、马列维奇和毕加索等不同大师画作的反应，认为人的大脑皮层的不同区域会对颜色和形状等不同元素做出反应。我们在清醒状态下的想法和我们在梦中想象的内容在性质上非常相似。梦中的图像可能有抑或没有口头语言、其他声音或颜色；而在清醒状态下，眼前的景象通常会出现即时的感知、情绪及转瞬即逝的记忆图像和各种声音。根据森马教授的理论，在做梦和完全清醒之间的精神状态是一种被称为"白日梦（Daydreaming）"的类冥想状态。在此期间，如果有云彩飘过，我们在天空中看到的东西：像棉花糖、飞鸟、人脸的各种云朵，就被我们从想象中投射出来。德国艺术理论家、感知心理学家鲁道夫·阿恩海姆（Rudolf Arnheim）曾试图回答这个问题：视觉语言的基础——心理图像到底是什么样的？

针对这个问题，历史上不同的学者和学派都持有不同的观点。在古希腊哲学中，留基伯和德谟克利特学派（School of Leucippus and Democritus）认为，物体的形象作为一种复制品进入眼睛并作为完整图像被记忆保留在人类的灵魂中，人还可以通过视觉方式将部分（例如一条腿，而不是整个身体）带入大脑。

心理学家爱德华·B·蒂钦纳(Edward B. Titchener)的观点则对我们理解图像的模糊不完整品质，即人脑海中形成某种"印象"的同时又具有各种意义和形式方面具有突破性的见解。就像抽象艺术表明，线条和形状、比例甚至颜色的深浅都可以直接传达意义，无须使用文字或图形。俄国抽象派先驱瓦西里·康定斯基（Wassily Kandinsky）展示了绘制的线条和标记如何在不与具象图像产生任何关联的情况下产生强大的表现力。（图2-1）

从几千年前人类文明诞生之初，视觉语言就被用来承载各种含义：伊尔克利荒原上来自青铜时代的岩画上布满了圆圈、线条、空心杯、带翅膀的图形、一只张开的手、一个古老的万字符号、一个胚

图 2-1

图 2-2

胎、一颗流星？（图2-2）

这是一块会讲故事的岩石，是来自书面文字诞生之前的世界的信息。英国心理学家理查德·格雷戈里（Richard Gregory）认为，"这（指视觉语言）也许是对不存在的想象情况做出反应的能力"，就像我们的早期祖先所做的那样，岩石上的绘画"代表了抽象思维发展的重要一步。"

二、视觉语言形成的基本原理

视觉有选择性地运作，视觉感知不是对眼前一切的被动记录，而是对尺度和颜色关系的连续判断，还包括对世界中的图像和形状进行形式上的分类。举个例子，6到12个月大的人类幼儿能够通过经验和学习来区分圆形、正方形和三角形。从这个年龄段开始，孩子就学会对物体进行分类，抽象地概括出对象的本质特征并将其与其他类似物体进行比较。在感知和识别物体之前，孩子必须能够对单个物体在不同环境和从不同方面看到时可能呈现的不同形状和大小进行分类。

对形状的感知需要掌握基本的结构特征，以产生"整体"的概念或格式塔（Gestalt，德语单词，意为形式、模式或者配置）。格式塔理论由克里斯蒂安·冯·埃伦费尔斯(Christian Von Ehrenfels)于1890年提出。他指出，用不同调演奏的旋律仍然可以被识别，并认为整体不是简单的各部分的总和，而是一个总体结构。马克斯·韦特海默研究了冯·埃伦费尔斯的想法，并在他的《形式理论》（1923）中（又被称为"点状论文/the dot essay"，因为它用抽象的点和线图案进行说明，可作为注脚）他得出结论，人的眼睛倾向于将以下元素组合在一起：看起来很相似的图形（相似性分组），并据此组成不完整的形式（对象假设）；随机点阵列往往会形成图像（星座）。所有这些与生俱来的能力都展示了眼睛和思维如何寻找图案和简单的整体形状。当我们看到更复杂的视觉图像（例如绘画）时，我们可以发现艺术本身其实就是"记录"视觉信息的持续尝试。

人类的思维过程是分散的、相互关联的，并且在感觉层面上是认知的。心灵在感官材料中进行最深层次的思考，大脑的两个半球处理不同类型的思想。对于大多数人来说，组织和表达言语的能力主要位于左侧。为了理解人类的大脑如何处理视觉信息，英国皇家艺术学院（RCA）的设计学教授伦纳德·布鲁斯·阿彻（L.Bruce Archer）提出了"设计师（及其他所有人）"在脑海中形成图像的方式，在人将想法具体化之前、期间和之后操纵和评估想法的过程中，构成了一种与口头语言系统相似但又不同的认知模式。事实上，伦纳德教授相信人类具有天生的认知建模能力，并通过素描、绘画、构建、表演等方式进行表达，这是人类思维的基础。

正如迈克尔·特威曼（Michael Twyman）所指出的，视觉艺术家已经发展了通过处理视觉语言来交流思想的能力。这包括理解和构思及以视觉形式产生概念。因此，视觉语言的基本元素包含了线条、形状、明暗、色彩、质感、空间等，并根据不同的应用场景，产生不同的配置原则。

三、自媒体和传统媒体中的视觉语言异同

自媒体的诞生是传统媒体在媒介技术发展的前提下带来的自然结果，因此自媒体的画面设计和构建不可避免地带有传统媒体的烙印，但其又根据自媒体技术设备的需求相应地产生了许多更加适合自身媒介特点的"进化"。

根据视觉形象载体的不同，视觉语言的具体形式可以划分为：绘画、雕塑、建筑、摄影、电视、电影等；按照视觉形象的持续时间可以分为静态图像和移动影像；按照其空间特征则可以分为平面和立体；按照功能又可以分为技术类图像和艺术类图像等。在不同的划分中，视觉语言的特征也是不同的，如在平面设计领域，设计师需要对视觉主体和产品主题进行突出，因此特别强调生动性，并且在不同时代的流行趋势的影响下，对画面的简繁程度又有不同的要求。尤其是进入21世纪之后，对简洁性的追求就成为了平面设计中配置视觉元素的重要标准，因为对于平面设计作品而言，大多数受众可能只是短暂地一览而过，并没有深入了解作品的机会，因此其需要平面设计作品能够在短时间内将信息以视觉语言的形式传递给大众。因此简洁明了的特征就成为平面设计中视觉语言最为主要的特征。

而在传统的电影、电视等媒介中，视觉语言又往往会重点追求

生动性、真实性的特征。如在纪录片的创作过程中，无论是发端于吉加·维尔托夫（Dziga Vertov）的"直接电影"还是"纪录/Documentry"一词的发明人约翰·格里尔森（John Grierson）所主张的"真实电影"，其实都强调对事实的还原，即对真实性的追求。因为脱离了真实性的纪录片也就无法称之为纪录片了。此外，由于叙事电影（Narrative film）需要在很大程度上让观众感觉到"入戏"的效果，所以会特别强调影视语言的"生动性"，因为不生动的电影很容易让人"出戏"。

然而，随着技术的不断发展，到了自媒体时代，随着移动播放设备的逐渐普及，移动端的视觉语言也逐渐提出了自己的要求。从功能上讲，自媒体时代的视觉语言主要有以下六个特征：

1. 辨识性

辨识性的意思是指视觉形象需要能在极短的时间内引起用户的注意。辨识性的高低取决于视觉信息的颜色、形状、大小等多方面因素。由于现代社会信息流速极快，用户会在很短的时间内浏览海量的信息，因此想要在这种条件下吸引用户的目光，就需要设计者使用极为凝练的视觉语言进行表达。在自媒体平台的设计中用高辨识度带来独特的视觉体验，才能在短时间内被浏览者注意到，从而达到事半功倍的效果。

2. 记忆性

自媒体视觉语言的记忆性是指设计者传递的内容能长期、简易地被用户记住，并能产生相应的条件反射。优秀的自媒体视觉语言会根据传播特点进行视觉语言设计，以加深用户对信息的记忆。一般而言，特殊、有新意、生动的形象可以被用户持久关注，便于形成长久记忆。

3. 易读性

自媒体的视觉语言中，高效地传递信息是视觉语言的主要目的之一，因此易读性就成为优秀自媒体的视觉语言所必须具有的特质。杰出的自媒体视觉语言善于聚焦当下社会的主流文化特征和用户心理特征，遵循用户的阅读习惯设计视觉语言内容。信息内容传递的连贯性是达成易读性的前提，因此需要尤其注意图文颜色的搭配，不要造成用户的阅读抵触心理。

4. 明确性

自媒体视觉语言设计需要在一开始就对内容进行正向的引导。根据调查，在自媒体时代用户浏览页面的时间不超过三秒钟，如何让用户在第一时间就了解该页面的核心信息是达成明确性的前提。因此在内容上要做到简要、清晰，避免错误信息的误导；而在用户的注意力引导方面要做到精准、简单，避免繁杂的无效过程。过于复杂、混乱的视觉元素构成会削弱视觉要素带给用户的冲击力。

5. 生动性

视觉、触觉等感官是形成视觉审美效果的基础，因此在自媒体视觉语言设计中，生动优美的视觉元素设置会比平铺直叙更能触动用户的内心，因此在设计中结合空间、色彩、角度等视觉语言元素，恰如其分地运用变形、夸张、虚拟等手段让画面更具生动性，是让用户心理产生共鸣的前提。

6. 民族性或本土性

民族性是指某一区域的人民在特定环境下随着长久社会发展岁月形成的独有的文化特征。这些民族的生活方式、审美情趣等通常有着许多区别。因此一个优秀的自媒体视觉语言设计需要挖掘这些民族的审美特点，在进行视觉语言创作的过程中，充分考虑到不同地区民族的风俗、传统和禁忌，避免冒犯到当地的文化传统。在完成了本土化之后，其所输出的内容也更容易被当地的人群所接受。

除了以上特征，自媒体还有相较于传统媒体最大的优势：互动性（interactive），这在其视觉语言上也有所体现。在新技术的冲击下，人们对信息内容的表现和传播方式都发生了巨大改变，各种不同的传播方式应运而生。在自媒体时代，互动性始终是自媒体视觉传播与传统媒介视觉语言传播相比最大的优势，同时也是当下视觉传播媒体的一个重要发展方向。

①互动的概念

"互动"是指相互联系，实质上看，自媒体互动研究，是研究用户与设计者的联系，设计者通过视觉设计等方式与用户心理产生共鸣与情感互动，用户与设计者的作品互动产生沉浸感带来新奇的互动体验。

②互动的过程

互动的过程，即在社会上个人与个人之间，或群体与个人、群体与群体之间等利用语言或其他技术手段传递信息的过程。多媒体视觉语言的互动过程则是指用户通过视觉的感官与自媒体平台传递信息的过程。人类媒体接收的信息，有八成是来自视觉获取，因此视觉是获取信息的主要感官。

自媒体的视觉互动心理共分为三个阶段，一是接收阶段，眼睛将自媒体平台的信息转化为视觉信号传输给大脑；二是匹配阶段，大脑动用自身的储备知识与经验及视觉信息进行匹配，形成初步的理解；三是融合阶段，大脑对信息的深层次的理解与融合，这种融合是对设计者设计思路的理解，达到精神上的共鸣。

四、互动的功能

1. 情感的交流

与用户情感的交流，是维系平台与用户的桥梁。与传统的媒介相比，新媒体拥有更强的互动能力，从文字到语言，从静态画面到动态图形，等等，都能增强用户的情感，让用户感受到他们是受到尊重的个体，也能更好地从其他竞品中脱颖而出。在自媒体视觉语言的设计中，动态影像与静态画面都可以做到与用户的情感交流。在静态画面中，情感的交流是通过画面和视觉的方式进行互动；而在动态影像方面则是通过视觉影像运动和反馈。即用户在进行目标任务操作后对操作成功的回应表现，通常回应的方式多种多样，从视觉到体感都可以做到。

2. 信息的指导

在自媒体平台的视觉语言设计中互动除了与用户建立情感交流作用之外还拥有对信息的指导作用。为了让用户能够在复杂烦琐的界面中找到自己想要寻找的兴趣点，设计者会通过一些充满指导性意味的动画，引导用户更好地了解界面上的信息。设计精妙的互动语言，能够使用户受到鼓励并愿意对界面进行进一步的挑战性尝试，甚至可以吸引用户获得更好的情感联结。

自媒体平台视觉语言的发展同样也离不开用户体验，视觉语言的用户体验是指用户与视觉语言互动过程中所形成的主观感受。自媒体面向用户，因此视觉语言设计要围绕着用户展开。优秀的视觉语言会运用自媒体的互动性优势尝试与用户的内心产生心理交流。互动的方式有很多，如运用先进的虚拟现实技术（VR）将用户的感官体验提升到新的高度，也可以像在一张简单的图像上运用色彩的心理暗示与用户产生心灵上的交流。因此在自媒体视觉语言研究中，聚焦用户的体验并通过视觉语言的表现手法实现与用户的高质量互动，才是自媒体视觉语言的核心优势。

案例分析：抖音App

"抖音（TikTok）"是由中国"字节跳动"公司所创办运营的自媒体短视频平台，平台由手机客户端和PC客户端两大终端组成，于2016年9月20日上线，并在短短数年间成为世界范围内下载和安装量最高的App，截至2024年4月，其全球下载量已经超过了42.9亿次，月活用户数超过了15亿。可以说，抖音因为其自身的统治级流行，已经在很大程度上成为了"短视频类型自媒体"的代名词。

具体而言，抖音App的特殊性在于它充分利用了自媒体时代的优势，界面设计简洁明了，通过简单的点击，就可以实现视频信息的直观化呈现，在打开App的那一刻就进入到了视频播放阶段，不需要进行前置操作，最大限度减少了视觉信息的传递障碍，极大增强了易读性。

与此同时，抖音App还尤其强调用户的互动性体验。与传统网站和App的自选型节目单不同，抖音使用算法学习用户的行为，自动推送用户喜欢的视频类型，并且只需要通过简单的上下滑动即可完成动作，极简便、高效地建立了和用户之间的信息指导模式。

总而言之，抖音App在继承了传统媒体优势的基础上，充分挖掘自媒体优势，极大拓展了自身的用户体验，是自媒体App的优秀范例。

思考：

1. 请谈一谈什么是视觉语言？

2. 请谈一谈视觉语言是如何起作用的？

3. 请结合自身经验谈一谈自媒体在视觉语言上的新特征是什么？

第二节 构图

一、镜头的美学原则

美国电影导演林格伦 (Lindgren)主张一个镜头的结构主要受到以下两个要素的影响：对象和摄影机的位置，还有照明的方法。波布克 (LeeR.Bobker) 则认为可以从三个方面关注镜头的审美：①胶片本身——各种不同底片的性能和特征；②构图——在一个画面内每一个视觉元素的位置；③照明——每一个场面的照明性质和质量。本章主要从六个方面进行讨论：①构图；②景别；③角度；④运动；⑤照明；⑥色彩。

自媒体影像结构的基本组织单位是"镜头"，而镜头实际上还可以再分，即"画格 (frame) "。一个镜头是由无数的画格组成的。一般来说，处理好一部自媒体影像作品中的"构图"元素，起码应考虑以下三点，或称三原则，即：①美学原则；②主题服务原则；③变化原则。其中，"美学原则""主题服务原则"是就单个画格的构图而言，而"变化原则"则是就整个影像作品的构图而言。

1.美学原则

自媒体影像创作是一门艺术，所以它的构图首先要美。换句话说，就是要具有视觉上的美感，使人看起来舒服。怎样使一个画格的构图具有视觉上的美感？我觉得它不应该仅仅理解为画格中所拍摄的内容都是一些美好动人的景物：青山、绿水、鲜花、美人……画格中拍摄的内容美——即"拍什么？"仅仅是画格具有美感的一方面，它不是全部，另一个重要的部分，就是——"怎么拍？"。"怎么拍？"——即不同的拍法，它可以使美的东西拍出来不美，它也可以使平常的东西，拍出来之后，看起来好看。

2. 主题服务原则

在一部影视作品中，镜头仅仅只是影像作品诸多要素中的一个。而影视作品的主题或者故事，才是影视作品中起决定作用的内容。形式必须为内容服务，构图也必须为主题服务。

一方面，为了表现好主题，要努力设计最合适、最舒服、最具视觉美感的构图；另一方面，为了表现好主题，有时要有意去破坏画面构图的美感。如果某个构图优美的画面，与整个影像作品的风格、主题不符，甚至妨碍了其主题思想的表达，就需要我们对这些部分进行取舍和修改，不能因为局部影响主题。

3. 变化原则

以上所述美学原则、主题服务原则是就一部影视作品中的单个具体的画格的构图而言的。而对于由千万个单个画格所组成的整部影视作品的构图而言，所要遵循的原则是变化原则。

影像创作是动态的美学，观众不能忍受一部构图没有变化的电影或者视频，而变化也正是影像艺术的主要特征和它的魅力所在。一部视频的构图可谓千变万化，除了构图所表现的内容的变化外，构图形式的变化也是一种重要的变化。

图 2-3

二、主体与陪体及构图的隐喻功能

一个画格中所表现的人或者物，无论多少，它们都可以分为两大类：主体和陪体。以下图像中，哪些是主体，哪些又是陪体？（图2-3）

①主体、陪体不能理解为甲在画格中大，乙在画格中小，甲就是主体，乙就是陪体；②主体、陪体不能理解为甲在画格中居前景，乙在画格中居后景，甲就是主体，乙就是陪体；③主体、陪体区分的关键是看它们在画格中所起的作用的大小，作用大的是主体，作用小的是陪体。

从创作角度讲，一个画格中的构图具有形式上的美感，应做到以下十点：

①主体不要居中。美术、绘画中有"黄金分割原则"[1]，这是画家在长期的审美实践中总结出的一条重要的审美经验，画面构成一般而言也要遵循这个原则。

---

1. 黄金比例 （英语：golden ratio），又称黄金比、黄金分割比、黄金分割率，是数学常数，一般以希腊字母 φ\varphi 表示。其最著名的例子是优选学的黄金比法或 0.618 法，是由美国数学家杰克·基弗于 1953 年首先提出，20 世纪 70 年代在中国推广。

图 2-4

②水平线不要上下居中，不要一分为二地分割画面（图2-4）。

③色调、布光等不要一分为二地平分画面。如在低调的场面中，三分之二应该是暗色调，三分之一应该是亮色调；在高调的场面中，三分之二应该是亮色调，三分之一应该是暗色调。

④主体不要过分孤单，这就是说，主体不能在画格中显得空空荡荡。

⑤主体、陪体应该主、陪分明，不能喧宾夺主。

⑥人或物的断续线不能一字排开，应高低起伏、错落有致。

⑦人或物之间的距离不能均等，应有疏有密。

⑧水平线及景物连天线不能歪斜不稳。

⑨人最好不要完全正面，应与画格形成一定的角度。

⑩构图不能雷同，严禁抄袭。

要使一个画格的构图具有形式上的美感，要注意的因素很多，诸如光线、色彩、影调层次、虚实对比、远近对比、大小对比、高低对比等等。这是一个与摄影构图紧密相连的知识点。

三、画幅比

所谓画幅比，是一个来自于电影的概念，即电影画面高度和宽度的比例。是最终呈现在大荧幕上的比例，而不是拍摄时候的比例。在胶片时代，电影通常使用的是标准的35mm胶片，业内所谓画幅比一般也是基于此标准。

初期的电影是无声的，35mm胶片底片上可以全画幅记录画面，有效的画面尺寸约为24mm×18mm，彼时的画幅比例是4:3=1.33:1，称为"全画幅"。当电影在1920年代末期进入有声年代时，35mm影视作品除画面外，还需要在齿孔内侧留出一条记录声音的位置（可以插入图片），这时的放映尺寸改为22mm×16mm，画幅比变为1.375:1，不过此种画幅的电影因为宽银幕电影的出现已经退出江湖很多年了。

宽银幕电影是现代电影放映的主流，主要有两种画幅比：第一种是"遮幅宽荧幕电影"，画幅比为1.85:1；第二种是"变形宽银幕电影"，画幅比为2.35:1（或称2.39:1）。从图2-5可直观地看出35mm胶片有声电影三种画幅格式的区别，左边是指电影画面记录在胶片上的样子，右边是指电影画面在大屏幕上的样子。

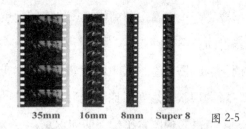

35mm　　16mm　　8mm　　Super 8　　图 2-5

进入自媒体时代后，以上的画幅比例也被继承下来，但随着手机的普及，各类短视频App逐渐作为视频影像的最主要载体，移动自媒体端的画幅比例较之电影电视时代产生了巨大的变化。其中最突出的特点就是画幅比例开始适应手机的屏幕比例，由于大多数手机的屏幕比例为16:9或者16:10，以此为载体的短视频画幅也由原来的宽银幕画幅比（4:3等）变成了相应的16:9。这种改变是基于短视频类App的用户习惯，也反过来影响了创作者在构图上的基础设计。

四、景别与角度

鉴于自媒体影视艺术从根本上依然遵循电影等传统艺术形式的相关概念和范式，且自媒体影视艺术也不可能以脱离这些视觉传统概念而独立存在，如同一本新书依然会使用过去的语言体系，故而在此沿用电影艺术的相关概念和案例进行解释，以求读者更好地理解。

景别，也是一个来自于电影艺术的概念。为了让观众看到角色在镜头中不同的角度、不同的距离的形态，就产生了镜头的不同景别。

景别，即角色在画面中呈现出的范围。景别的大小同摄影镜头的焦距有关。焦距变动，视距发生相应的变化，取景范围也就发生大小变化。景别的运用是影视艺术创作中的重要手段。为了塑造好鲜明的影视形象，创作者会根据人物的主次、剧情的需要、观众的心理，处理好景别的大小和远近。景别分为远景、全景、中景、近景、特写五类，在此基础上还可细分为极远景、大全景、小全景、半身景、大特写。运动镜头也可以产生景别变换。

1. 极远景

极远景——摄影机远距离拍摄事物的镜头，场面广阔、景深悠远，以表现环境气氛为主，人物在其中小如蚂蚁，可以用来抒发感情、渲染气氛、创造意境。

2. 远景

远景——深远的镜头景观，人物在画面中只占很小的位置。

极远景和远景应相对停留得久一些，以使观众看清较小的活动主体。由于影视作品通常要首先交代故事发生的时间、地点等重要的背景资料，好为后面的情节展开及人物登场做铺垫，所以往往先用极远景、远景来交代大背景，然后逐步展开、进入主题。所以这两种景别常常出现在影视作品的开头和结尾。同时它们也可以用来使人物与背景产生强烈的大小对比，以表达某种隐喻。比如在武当山的宣传视频中，整体山势宫阙就占据远景镜头的三分之二以上，这除了表达武当山源远流长的宗教文化，也体现了道教中天人合一的哲学思考。

极远景与远景的特点为全面整体、视野开阔、景物容量大、视觉信息多令观者有居高临下、纵览全局之感。

3. 大全景

大全景——画面中包括角色全身像与周围大环境，通常用来做环境的介绍，因此被叫作最广的镜头。

4. 全景

全景——出现角色全身形象或场景全貌的镜头。全景的视野相对大全景要小一些，既能看清全貌的角色又能看清环境，因此可以交代角色与场景的关系、角色与角色之间的关系，以及一定空间中角色的活动过程。

5. 小全景

小全景——角色在镜头中"顶天立地"，采用比全景小得多又保持相对完整的规格。

大全景、全景及小全景镜头中观众可以看满角色的形体，因此这类镜头中角色的动作都必须有意义。

由于全景能表达相对完整的画面，对情节展开的环境先进行了介绍和展示，给观者一个完整的印象，这就像写小说要先交代时间、地点、人物，然后再讲述事件一样，影视作品也是如此，只不过我们是用全景这一镜头语言交代了事件发生的时间、地点及人物与环境的关系，使观众一目了然，从中获得更有利于组织情节发展的逻辑信息。因此影视作品中，特别是刻画某个情节的开头部分时，常常使用全景镜头。

如果将全景与远景对比，我们会发现全景有了较明确的表现对象，如表现一个人、某个事物或场景的全景等。同时远景和全景都属于大景别，适合表现广阔的景物空间，非常具有抒情意味，能给人以丰富的联想。

6. 中景

中景——俗称"七分像"，指拍摄人物小腿以上部分的镜头，人物周围大部分环境被抹去，视觉中心是人的腰部以上，在开展人物之间的关系时最有用。中景适用于画面中两个人物或人与物之间交流的表达，常用于叙事性描写。

7. 半身景

半身景——俗称"半身像"，指从胸部到头部的景致，也称为"中近景"。

在表现人物形象时，面部、胸部和手臂等部分是中景的主要表达内容，它适于表现角色聊天对话时的情节，因为通常在谈话的过程中，上半身部分最具表现力，像神态各异的面部表情、具有很多暗示意义的手势语言，都是有力地帮助表达谈话内容和人物心理活动的关键要素。

人物上半身的肢体语言在中景范围里的表现刚刚好。远景、全景太远，不宜表现；而近景、特写又将其"抛到"镜头表现的有效画面以外了。在中景里，上半身的肢体语言使人物的谈话内容及其内心活动更外化，起到了补充、深化内涵的作用。当然，中景不仅限于叙事方面的优势，它在表现其他景物上，也有广泛的用途。中景画面在整部影视作品中，特别是在紧张、快节奏的情节中，能起到舒缓画面节奏的作用，使整部作品达到一张一弛的效果，令观者看起来心理感受比较舒服，因而中景更适于在长篇作品中反复使用。

中景在远景、全景、中景、近景、特写这五个景别中，由于其画面远近适宜，显得十分平和，通常使人在视觉上有一种合适、亲切的感觉，形成中景本身不太突出的特色，但是这也正是中景的优点所在，它具有很强的中性感，在画面中能起到平稳的过渡作用。

8. 近景

近景——表现人物腰部以上或物体局部的画面称为近景。由于近景的画面空间被进一步缩小，画面中内容更趋向集中，因而近景能有效地表现人物的面部表情并对其心理活动进行刻画，其画面中的人物和场景也就更容易和观者产生交流。

近景构图的特点是其所拍的主体形象已基本充满了画面，没有给其他的场景留什么表现空间，这种画面非常适宜深入表现人物的喜怒哀乐，通过人物五官的微妙变化来直观地展示情绪和内心世界，对观众的视觉及心理产生很大的震动作用并引发丰富联想。

一般情况下，画面人物越接近观者，就越会给观者制造一种紧张、被压迫的视觉效果。例如：分别用远景和近景镜头表现一个正在大哭的小孩，那么使用近景镜头显然就比远景镜头表现得更充分具体。处于近景画面中的人物，与观者之间的距离关系是一种现实中"面面相觑"的空间关系，因此它能令人产生与现实中相近的相互交流感。

9. 特写

特写——指摄像机在近距离内拍摄对象。特写通常以人体肩部以上为取景参照，突出强调人体的某个局部，或相应的物件细节、景物细节等。由于特写是将景物的某一局部充满整个画面，排除了其他部位及背景，因而具有醒目、细化、具体化的特点，能起到强调、引人注意的作用。通过特写画面，能透过细微之处向观者揭示其背后更为本质的东西，因而特写还有引导作用——吸引观者进入事物的内部。

10. 大特写

大特写——又称"细部特写"，指突出头像的局部，或身体、物体的某一细部，如眉毛、眼睛、枪栓、扳机等。

在自媒体影视作品中，一幅幅连续画面的大小景别的变化穿插使用，都带有强烈的感情色彩与独特用意。往往特写的表达方式，即让局部放大充满整个画面，再现了在生活中被观者忽略了的细节、局部，以此对观者的内心造成强烈的冲击。而在日常生活中，人们的视觉习惯是与被观察对象保持一定的距离，除非出于某种需要或特殊情况，人们很少会将视线聚焦到某一局部上去看，因此，局部所承载的某种独特的信息就会被观者忽略。使用特写就是引起观者对某一形象局部的注意，从而通过视觉触动其内心，引起更深层次的思考。

我们不要将特写仅仅理解为某个形象局部的简单放大，而应将它当作一种带有震撼力量的作用于心理的有效手段。

特写镜头语言的特点和作用大致可归纳为：

①去除了其他无助于情节表达的多余信息，使观者的注意力集中于情节所需要突出的局部。

②它使局部放大，从而使事物特征、细节尽显，有力地暗示或揭露出其本质。

③它对事物可谓赤裸裸地直接表现，具有说服力强、着重强调的作用。

④适于细致地表现物体质感，产生相对真实的物质存在感。

⑤由于其表现的局部的不完整性，使人对不确定的画外空间有了一个较大的想象空间，从而制造了悬念。

⑥有利于转场的镜头切换。由于特写镜头不确定的画外空间具有模糊性，因此适于切换到下一个新的场景中。

特写画面是以其相对的单一、鲜明引起观众注意的景别。清晰的人物或景物的局部特写，会给观者留下深刻的印象，从而使其获得更为真切的感受。但是要注意的是，对特写镜头过多过滥地使用就会使得影视作品原本的意义丧失殆尽，因此要控制使用量。

思考：

1、一部影视作品中的构图应该遵守什么原则？

2、如何使一个画格的构图具有形式上的美感？

3、构图能否在形式上不具美感，为什么？

第三节 色彩与光线

一、光线的基本特征

在分析色彩和光线之前，首先必须要知道最基本的概念：光，是什么？根据一般科学的定义，光，是一种能作用于人们的视网膜，刺激视觉神经，引起视觉感受的电磁辐射。而本章所讨论的"光线"作为自媒体摄影的辅助功能，是指影像创作中的灯光照明。灯光照明最基本的功能是曝光，之后才有了各种独立的审美功能，因此需要精确定位其照明系统、塑造灯光的形式质感。

一般而言，自媒体视频创作中的灯光照明的作用主要包括以下五个方面：

1.造型

照明灯光可以极大加强对人物或环境的视觉形象与质感的塑造。比如明暗对比强烈的灯光照明，可以塑造男性硬朗的形象；而柔和的灯光，则用于凸显女性柔美的气质。

2.构图

照明灯光的另一大作用是勾画平面、雕塑空间。戏剧性表演的情境往往具有假定性，在影视拍摄中，灯光照明对空间的建立、氛围的营造，同样有着重要的作用。如在很多影视作品中，光源投射在人物脸部及身体局部，而人物所身处的环境统统湮灭在黑暗之中。灯光照明所构建的空间、氛围烘托了人物此时的状态和命运。

3. 强调

在影视作品中，被照亮的人或细节往往是需要引起观众注视的部分。如在《荒野大镖客》中，拍摄人物眼部的特写镜头（图2-6），以灯光加以强调，引起观众注视。同样是本片中，表现主角与反派的决斗时，以灯光加强了人物的脸部，便于观众注视黑暗环境中演员的表演。

图 2-6

4. 抒情

照明还可以营造氛围，渲染情感。如基耶斯洛夫斯基在其影视作品《十诫》之《杀人短片》中，为了表现杀手坐上出租车之后，勒紧手中的绳索准备行凶时的情绪起伏，使用点光源掠过人物勒紧绳索的手。两次出现的这一特写镜头，烘托人物内心的不安与躁动。

5. 其他作用

　　根据光的性质、光的主次、光的方位不同，灯光照明有如下分类。

　　①光的性质。在被拍摄对象确定后，决定物体造型张力的主要因素是光的性质。在视觉语言中，光的性质可以分为硬光和软光。硬光通常为直射光，明暗反差较大，阴影明显，往往用来表现男（雄）性的、力量的、动态的形象；软光通常为散射光，明暗反差较小，阴影被弱化，往往用来表现女（雌）性的、柔弱的、静态的形象。比如在黑色电影中，因为主角往往是冷峻的男性，这个电影类型就偏好使用硬光。

　　②光的主次。在此分类中，光照可以分为主光和补光：主光是居于主体地位的光线，决定照明系统的总体格局，多使用硬光；而补光是起辅助作用的光线，它适当照亮由主光产生的阴影，多使用软光。在一个固定的构图中，一般只允许存在一个中心光源所形成的照明系统和影调结构。在这个结构体系中，来自其他方向的辅助光的亮度，不能超过主光，不能破坏主光产生的主体影调结构；辅助光的方向与亮度，必须以中心光源的影调结构为依据。

　　③光的方位。根据水平方向分为正面光、侧面光、逆光；根据垂直方向分为平角光、顶光。不同方位的光源可以使同样一个物体表现出不同形象。

　　正面光指正面水平方向的光源，一般也被称为"平面光"。使用正面光，可以使人物看起来紧密贴合在背景上，以减弱空间的深度感、立体感。因此演播室里进行的新闻、谈话节目，常常使用正面光，让主播的形象与背景合二为一。

　　侧面光指侧面水平方向的光源。侧面光与正面光的效果相反，加强侧面光，可以加深空间的深度感、立体感，因此也被称为"立体光"。在拍摄人像时，侧面光有助于把人物形象刻画得更生动。在李子柒的很多作品中，我们可以看到她在进行材料采摘时多使用侧面光，让整个场景都十分生动。

逆光指背向水平方向的光源。逆光也称"轮廓光"，如果只有逆光，我们就可以看到被摄对象的剪影效果。

至于平角光，如果同时也是正面的光源，那么它的效果等同于正面光，可以把人脸扁平化；顶光指被摄对象上方的光源，它突出了人脸部的骨骼，也叫"蝴蝶光"。因为人的脸部骨骼结构，颧骨的位置最宽，顶光自上向下投射，可以突出颧骨的阴影，造成蝴蝶张开双翼的形状。不过，在拍摄女性形象时，如果需要表现"骨感美"，加强顶光，反而可以起到"瘦脸"的效果。底光指被拍摄对象下方的光源。它是一种制造丑化效果的光源，因为它造成一种反常规的视觉体验。底光也叫"魔鬼光"或"骷髅光"、因为它可以夸张深陷的眼窝，因此，底光往往用于塑造恐怖形象。不同方位的光源的效果见图2-7。

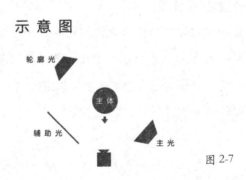

图 2-7

经典的三点布光（图2-7）：在经典的好莱坞电影制作中，每个镜头内至少有三个光源——主光、补光及逆光。这样的布光系统就是"三点布光"。我们在自媒体影视作品中也可以参考电影制作的经典方法进行布光。

二、色彩

色彩是视觉语言中另一重要的表达元素。在影像作品的创作中，灯光、布景、道具与服装的色彩都可以影响画面的色彩谱系，从而达成不同的叙事效果。不同的创作者有着不同的色彩偏好。如在张艺谋的影视作品中，红高粱、红灯笼、红盖头、红花轿……红色的意象则被重点强调，表现了导演对封建秩序与文化的思考；而在王家卫的影视作品中，红色、蓝色往往非常突出，体现出王家卫视觉经验中拉丁文化的底蕴；又如西班牙导演阿尔莫多瓦的影视作品中，鲜艳、奔放的色彩给人留下深刻的印象。所以不同的色彩谱系往往又能折射出创作者背后不同的文化底蕴。

1. 色彩的视觉语言

色彩在视觉语言中，不仅是自然色的再现，而且具有主观性、情绪性等心理暗示作用。比如在饮食类视频博主的作品中，一般以明快的黄色等暖色系为主，很少出现蓝色、黑色等冷峻的颜色。这是因为暖色系可以让人感到愉悦，并提升食欲，而冷色系一般都带有忧郁、理性的特质，会让人失去食欲。

因此，影像里的不同的色彩，在特定的语境中，往往具有特定的内涵，会给人带来特定的情绪反应。下面，我们就六种主要的色彩逐一分析：

①红色。红色是火的颜色、太阳的颜色、鲜血的颜色。因此，红色用以表达热烈、温暖、炽热的情绪，用以刻画生机勃发的意象。在影视作品《红高粱》中，红色让人感受到生命的激情与活力四射(图2-8)。

图 2-8

图 2-9

在人类视觉文化里，红色还意味着革命、战争，如"中国军事网"等军事类抖音官方账号都是以红色作为背景。而在中国文化的语境中，红色意味着吉祥、喜庆，比如，故宫的主体颜色就是象征吉祥的红色；而在历届春节联欢晚会的舞台布景和春节相关影视短视频中，红色也是作为画面布局的主要基调，突出一个节日的喜庆气氛。

②黄色。黄色是秋天的颜色，意味着丰收、成熟、喜悦，同时也表达欢乐、轻松、明快的情绪，如在"真探唐仁杰"等探店类美食博主的视频中，黄色就成为了字幕和整个作品的视觉主基调。在中国文化中，黄色同时也是一种表达皇权高贵与尊严的色彩。影视作品《末代皇帝》就恰到好处地运用了黄色，来表达宫廷的氛围（图2-9）。

③绿色。绿色带给人安宁、稳定、和平的感觉，同时，绿色又

意味着勃勃的生机与希望。在宫崎骏的动画作品《幽灵公主》中，就出现了被各种山峦和植被填充的绿色，也体现了作者对山水的爱、对乡土的爱。而在影视作品《这个杀手不太冷》中，里昂随身携带的那盆绿色的盆栽，同样意味着生命的美好与希望，哪怕身为杀手，里昂的内心也依然有着温情的一面。

而在流行的短视频作品中，尤其是关于传统美食和器物的制作中，如李子柒的相关视频，也会用大量的绿色，尤其是植物的颜色来凸显和大自然的和谐关系，从而突出传统文化中天人合一的思想内涵。

④蓝色。蓝色属于冷色系，给人寒冷、冷漠、忧郁、绝望的感觉。一般人会联想到极地、冰面、寒冷的海水、浩瀚的星空,这些都给人以蓝色基调的印象。

在影视作品《霸王别姬》中，小豆子走出张公公的府邸，色彩基调转为蓝色(图2-10) 。此时，蓝色除了意味着室内外天气的反差和室外的严寒，更表现了小豆子遭受猥亵之后内心的绝望。而在自媒体时代，蓝色基调除了继承自电影的心理暗示作用之外，还在各类官方通报中成为固定的背景板，因为蓝色的背景不会伤眼，同时也能让前面的文字信息更加清晰，同时也显得更加理性和客观，比如各地警方的

图 2-10

图 2-11

权威发布都是使用蓝色作为背景色。

蓝色还是一种忧郁的色彩。印象派画家凡·高擅用大块的蓝色，其作品《加歇医生像》中，蓝色的夸张表现正是画家内心忧郁的写照（图2-11）。不过，作为大海与天空的颜色，蓝色也可以表达自由、平静的内心。在短视频中，很多睡眠类的视频都使用蓝色或者蓝色系的冷色调作为视频的基础色调，让用户在观看时获得内心的平静，达到降低焦虑、消除烦恼，进而帮助睡眠的目的。

⑤黑色。黑色严格来说不是一种色彩，而是亮度。理论上说，当整个空间的亮度为零时，影像就会呈现为黑色。在视觉语言中，黑色也有各种特定的运用与表达：黑色意味着恐怖、邪恶、凶险，黑色意味着悲观、绝望、死亡、压抑；同时黑色也意味着庄重、严肃和高级。许多惊悚片、恐怖片、黑帮片和黑色电影中，黑色的基调大行其道。比如在《罪恶都市》中，为了造成画面的大面积阴影，采用低调、低角度的夜景布光，甚至连整个电影都只保留了黑白两色。

⑥白色。白色用于表现纯洁、安宁。同时，作为一种丧葬色、悲哀色，白色也意味着苍白、病态、冷漠。此外，白色还可以表现高贵、圣洁。比如在影视作品《魔戒》系列中，人类王国的都城的色彩就是白色，作为领路人的重要角色甘道夫也是一袭白袍。而在中国传统艺术概念中，也有所谓"留白"的说法，不落一笔，反而给人对空间与意韵的无限想象。

2.关于色彩的其他重要概念

①色彩基调。色彩基调是指在一部影视作品或一个段落中，以某种色彩为主导所构成的统一、和谐的整体色彩倾向。我们一般通过

选景、布景、灯光、滤镜、调节白平衡等方式，使影像具某种色彩基调。色彩基调赋予影视作品某种特定的情绪氛围，构成影视作品中重要的抒情手法。

②重点色。重点色用于刻画人物在特殊情境下的特殊情绪，一般以服装色、道具色体现，出现的次数不多、比重不大，但能引起注意。与作为总体背景的色彩基调相比，重点色往往与众不同，鲜艳夺目。比如影视作品《辛德勒的名单》中红衣服的小姑娘，一袭红衣也成为至关重要的重点色。而《罗拉快跑》中，罗拉的一头醒目的红发，成为勾勒罗拉鲜明个性的一大标志（图2-12）。

图 2-12

③贯穿色。贯穿色在片中出现次数不多，但贯穿全片，能引起视觉特别注意，并起到强调和呼应的作用。贯穿色构成剧作元素的一个方面,贯穿全剧,推动剧情。贯穿色通常都是比较鲜明、单纯的色彩，有比较明确的象征意义。贯穿色有时候等同于重点色，区别只是看它是否贯穿全片。

擅长以色彩讲故事的创作者都是熟悉每一种色彩功用的视觉艺术家。在他们巧妙的搭配与组合下，色彩与叙事、表意、抒情相结合，让作品最大限度地打动观众。

思考：

1、请谈一谈你最喜欢的颜色，为什么？

2、请谈一谈红色在中西方的文化中分别代表了什么样的文化内涵？是什么造成了这种不同？

3、请尝试选取一部影视作品（电影或者短视频作品）分析其中颜色的运用，并进行讲解。

第四节 场景构建及摄法

一、场景构建的定义及其功能

本书中，自媒体影视作品的场景构建概念继承自电影艺术中的场面调度，但其所包含的范围更为广大、手段也更为多样。所谓场面调度，是导演在拍摄现场对视听语言各元素的综合调度、安排。场面调度关注时间的安排，更关注空间的设计。本质上，场面调度就是创作者对画框内的空间的调度。

场面调度的重点是人与机器的配合，是演员与摄影机的调配，同时驾驭好这两个方面，是场面调度的关键。就影视美学观念的演进而言，场面调度使影视艺术的发展更进了一步，它带来的是一种全新的观演关系，带给观众的是一种全新的观演体验——对所有视听元素的自由体验。

场面调度本质上属于空间问题，同时又离不开时间的考量。其基本逻辑来源于戏剧舞台，本义指导演对演员在舞台上的表演活动、空间位置的安排与调度。引申到影视艺术中，场面调度获得了更丰富的可能性：它不仅关系到演员的调度，而且还涉及摄影机及拍摄现场各部门、各元素的调度。不管是影视拍摄还是戏剧舞台，场面调度本质上都是对空间内各元素的安排，是一种空间的艺术，不同之处只是在于——戏剧导演安排调度的是舞台空间，而影视创作者安排调度的是摄影机取景框内的空间。

在影视拍摄中，构思和运用场面调度必须以剧本为基础，以剧本提供的剧情和人物性格、人物关系为依据。导演（创作者）、演员、摄影师等团队成员，都须在剧本提供的人物、动作、场景、视角等基础上，结合实际拍摄条件，进行场面调度的周密安排。优秀的场面调度，可以更好地刻画人物性格、体现人物的思想感情；也可以更深刻地表现人物之间的关系，渲染场面气氛；还可以交代时间间隔和空间距离，达到更加生动地叙事、表意、抒情的效果。

可以说，场面调度的成败，对影像作品的最终呈现起到决定性的作用。虽然我们把"场面调度"放在视觉语言的最后一节，但我们需要认识到，场面调度的问题涉及自媒体视听语言的各元素、各方面。构图、景别、角度、变焦、运动、灯光、色彩、布景、表演，甚至包括后面章节的录音、剪辑，等等，都是场面调度时需要全盘考虑、协调解决的问题。因此，场面调度的总负责人就是创作者自己。

场面调度是演员调度与摄影机调度的有机结合。在叙事类影视作品中，两种调度相辅相成，都以剧情发展和人物性格、人物关系所决定的人物行为逻辑为依据。在这个意义上，场面调度解决的又主要是演员与摄影机在空间内的运动问题。运动无处不在。无论是我们看到的影视作品还是自己拍摄的作品，都会有被摄对象的运动或摄影机的运动，或者二者兼有的运动。影视作品中，人物的出场及运动路线，摄影机的位置角度及运动路线，事先都要有场面调度方面的周密部署。

场面调度需要创作者在一定的空间内，合理地调节拍摄现场的各个元素，最大限度地利用空间的表现力。不同的导演对空间的安排，体现了各自的不同理解。这里所说的"空间"，不完全等同于绘画艺术中的"空间"或者是戏剧舞台的"空间"，它是符合影视作品需要的、被创作者所定义的"空间"。因此，场面调度对空间的安排，要同时考虑到画框的取舍、镜头的运动及剪辑的方法。

如何制造空间的深度感是场面调度的主要任务之一。现实中，观众实际看到的影像只是存在于荧幕上的一个平面，如何让这个二维平面产生三维空间的深度感？这就需要通过各种场面调度的手段来制造空间幻觉。

在影视空间结构中，一个重要的概念就是"层"。这个层是指画面前景与背景之间的各个平面，这种平面可以直接存在，比如它可以是一堵墙、一扇门，也可以是排成一行的树丛。在空间内可以存在很多自由划分的"层"。只有在空白的银幕中，才会只有一个层。只要画面里有一个几何形状出现，哪怕它是抽象的，我们也认为它存在于一个背景之上，因而也就至少有两个层。

比如，在影视作品《罗生门》的开头（图2-13），这个空间至少

图 2-13

有三个层面，前景的火堆、中景的人物和背景的建筑。空间中多层面的彼此"交叠"，可以更有效地衬托出画面空间的层次感与纵深感。让离镜头较远的层失焦，让前景的层对焦，也是制造画面空间深度感的常用方法之一，即"空气透视法"，也叫"背景虚化"。

二、自媒体视角下的场景构建

首先，优秀的场景构建离不开演员的良好调度和配合。因此，人物以什么样的方式出场，从哪个地方出场，出场人物和环境的关系等都是需要设计的重点。对于一个合格的创作者来说，人物的每次出场都应该是有意义的。初次出场是建立角色和观众关系的关键时机，如同第一印象。是单独出现还是群像出现，是在明亮的朝霞中出现，还是在漆黑的夜色中浮现，都有其意义，也对刻画人物个性、气质至关重要。

其次，有多个出场人物时，需要设计人物的主次、相互之间的关系。一个镜头出场的人物往往不止一个，在多个人物出现时，就需要做更精心的调度，以使其主次分明又恰当体现人物关系，这种情况涉

图 2-14

及多个人物的行动路线的调度。这种调度将影响构图，比如，本来构图平衡的画面，可能因新的对象出现转成非平衡构图的画面，稳定的正三角构图转成不稳定的倒三角构图。更重要的是，这一调度是暗示人物关系非常重要的一环。如在经典电影《横空出世》（图2-14）中，对群像的刻画就十分生动，尤其是冯石在基地的演讲，即突出了主角，又完美刻画了作为群体的解放军战士，做到了张弛有度，各有千秋。

最后，人物的行动轨迹和逻辑也需要进行精心的设计。人物从哪里来，到哪里去，中途有什么行为动作，在哪里停下来，最后以怎样的方式从画面中离开(出画)，这些都需要做出符合逻辑的安排。对这些因素的调度直接表现人物的动作行为、情绪思想。因此，对人物行动路线的安排必须有其内在的逻辑性、目的性，而不是漫无目的地、随机地走动或停顿。人物在空间中行动的过程，可以通过几个不同景别和机位的镜头组接而成，也可以以长镜头的方式展现。很多新人因为处理不好人物的行动逻辑，常常导致人物行为的怪诞，让人有出戏的感觉。

场面调度不仅是视听语言叙事、表意、抒情的主要手段，更是一种和蒙太奇相对的美学观念，这种争论涉及到场面调度的地位和功能。一边是法国著名电影理论家安德烈·巴赞（André Bazin）所主张的那样："场面调度因为更为注重体现镜头内部时空本身的表现力，因而与蒙太奇美学相对。"自从爱森斯坦奠定了蒙太奇作为影视语言的基本范式，很多电影创作者便把这一种突破时空限制、自由组接视觉形象和听觉效果的手段，视为电影艺术的本质属性。但实际上，蒙太奇有自身的优势，也有它的劣势。它的优势在于它可以突破时空的限制、自由表现创作者想要表达的主观内涵，镜头与镜头的重新组合产生镜头本身并不具有的新含义；但它的劣势与它的优势并存，即蒙太奇因为过于强调主观意图的呈现，而对时间与空间进行了大量切割，从而破坏了时间与空间本身的完整性、统一性，失去了影像本身所能够呈现给观众的感性的真实。巴赞所提倡的景深镜头理论，强调镜头内部的场面调度手段，尊重感性的真实时空，因而在保证时间与空间的完整性、统一性方面，比蒙太奇美学更为优越。"场面调度"与"长镜头""景深镜头"，被视为电影语言的写实主义倾向，与作为表现主义倾向的蒙太奇美学相对立。法国导演让·雷诺阿、美国导演奥逊·威尔斯的许多影视作品，都是体现景深镜头内的丰富、复杂的场面调度的典范。

但另一方面，爱森斯坦的蒙太奇理论则给予了创作者更大的空间和自由进行素材的整理和再统一，尤其是进入了自媒体时代，人们可以毫不费力地搜寻到几乎无限的旧有素材。通过蒙太奇手法，这些素材可以通过和不同文本的拼接组合，在新的语境中形成全新的"第三含义"，这也被称为"挪用艺术（Appropriation Art）"，随着短视频的崛起，蒙太奇的作用更加显著。

比如，在知名视频创作者@青红皂了个白（图2-15）的作品中，

图 2-15

他几乎没有使用摄像机重新拍摄一个画面，而是通过对旧有影视素材的再编辑，就创作出了许多令人印象深刻的作品。当然，在微短剧领域，注重现实场面调度的景深镜头理论依然发挥着重要作用。但如何平衡这争论的双方，偏爱一方还是各取所长就完全由你来决定了。

思考：

1、请谈一谈什么是场面调度？你认为场面调度的要素有哪些？有哪些场面调度的失败经验？

2、请谈一谈对巴赞和爱森斯坦的观点的看法？

3、请谈一谈如何看待新媒体对已有素材的重新创作？

第三章
自媒体影像作品的
听觉语言

第一节 听觉语言的概念与特征

声音艺术不仅是影像作品从无声到有声的一次重大突破，也是媒体演进的时代历程。早期的电影以无声影像为主，内容则通过演员的表情和动作及字幕来传递内容章节和情感脉络，而声音部分则由现场音乐乐团承担。随着时代的发展，1927年华纳兄弟公司推出了时代性作品《爵士歌王》，从此揭开了有声电影的序幕。通过演员的声音和实感流露彻底传达在荧幕上，这一转变不仅使得电影的表现力得到了巨大的提升，更是开启了影片声音的新纪元，也为自媒体时代的创意奠定了基石。

随着数字时代下信息快速地传播，自媒体逐渐成为大众直接连接作者的主要渠道之一。从文字到图像，再到短视频，自媒体的形式及种类多样且变化快。而在信息过载的环境中，听觉语言更成为传播媒介的主要素。

自媒体听觉语言，主要是借助声音元素进行信息的传播与交流。除了最基础的语言表达外，音乐、音效及其他声音形式都可以成为自媒体传播风格语言调性的一种重要手段。声音可以打破与图像的信息的界定，声音效果可以为信息增加多维度的调性。

再者，从生物学的角度来讲，视觉系统相较于听觉系统来说，大脑对视觉信息的处理速度相对更快，能够快速识别和分析图像，并做出相应的反应；听觉系统处理信息需要经过耳蜗听觉神经传递至大脑，然后在大脑皮层进行分析和理解，这个过程相对于视觉耗时更长，但通过听觉更能激起神经系统。所以虽然听觉处理速度相对较慢，但它在识别声音、语言和音乐等方面具有其独特优势，更能传达情感和语义信息。无论是在博客、音频节目，还是在广播、语言社交平台，听觉语言都已成为自媒体领域的一种崭新实践，更是自媒体传播风格语言调性更改的重要手段之一。声音可以打破与图像的界限，让信息在听觉的空间里流动，并激发听者的联想与想象力。音乐与音效则增添了内容的氛围与张力，在繁杂的视觉刺激中，声音让信息更容易被记忆、传播。

　　声音在听觉语言中通常是配合画面达到叙事效果，而在自媒体时代，声音与画面有机结合的艺术作品，将视觉的平面结构多维度深化，利用声音风格的多样性调动感官冲击，使自媒体作品的视觉空间得到拓展和延伸，起到传递信息、刻画人物形象、烘托氛围等作用，从而形成具有纵深感的三维结构，调动观众的综合艺术感受，甚至通过声音创作反差式艺术作品。本节将向大家介绍自媒体听觉语言的声音类型。

一、人物语言

　　无论是在影视行业还是现在自媒体领域，声音从听觉的角度，更能诠释画面所表达的叙事内容。而视觉和听觉通过各自不同的属性和功能，对作品产生一定的作用。听觉语言借助声音元素表现出鲜明的个性特征，自媒体从业者通过声音的节奏、语调、音质及表达方式，塑造独特的人物形象，使受众对其产生同频感，增强内容的吸引力。

最主要的听觉语言包括以下四种声音类型。

人物语言，即语音[1]，是一种语言符号的载体，通过人的发声器官所产生。声音是因为空气的震动所产生，并由震动的幅度来决定音量。而音量大、速度快的声音更能将听众的情绪带动。

从内容上讲，在语音中更是有语义性语音及非语义性语音。观众通过具有表达意图的文字来理解人物的思想内容、人物的情感脉络，其主要以对白、旁白等形式展现。在非语义性语音中包含比画性手语、婴儿语等一些不具有标准意义的语言，通常用来诠释无法用语言表达的状态和情绪感受。

在传统声音语言中画外声源如独白，是展示人物的内心和心理活动的披露，而在自媒体时代无论是语义性语音还是非语义性语音都可巧妙运用声音将信息包裹在其中，提高信息的传递和接收效率。优秀的自媒体人更是具备良好的口才和表达能力，能够快速、清晰地表达观点，让受众可以在短时间内被作品所吸引。

1.语言心锚

自媒体从业者在创作中，往往会使用一些独特的口头禅来作为语言心锚。这些短语不仅能成为个人的代表，具有强辨识度，更能拉近与观众的距离。而这些口头禅和语音心锚在自媒体领域，扮演着重要的角色。

首先，自媒体人物的口头禅和语言心锚可以起到品牌标志的作用。当我们频繁使用特定的语言，观众可以迅速将这些语言与特定的自媒体人物关联起来，这些标志性有助于创作者在庞大的自媒体领域

---

1. 彭澎 . 视听语言与设计 [M]. 北京：高等教育出版社，2011.

中脱颖而出，树立自己独特的形象。例如：我们在美食自媒体节目中看到的视频开头，如"观众朋友们，我们又见面啦。"这种熟悉的开场语会成为他们的品牌特征，而当我们看到这个文字时，也会在大脑中自动联想到该语音的相关图像信息。

其次，口头禅和语言心锚可以增加观众与创作者之间的亲密感，当自媒体人物在不同作品中使用相同的短语时，观众会逐渐产生亲切感，就像与老朋友交谈一样，如：1995年春晚中冯巩的相声小品开场"观众朋友们，我想死你们了。"[1]十余年春晚皆以这句话为开场。这就是通过语言心锚向我们刻下一些艺术家的代表性语言，而这种心锚式语言可以促使观众更多地参与，甚至当我们看到文字会条件反射，当评论区看到文字内容时会有"为什么你的文字能发语音"的即视感！

此外，这些口头禅和语音心锚，也能够在一定程度上引导观众的情感。自媒体人物经常在关键时刻使用特定的短语引发特定的情感共鸣，如励志的口号"永不言弃"，或"不忘初心"等。

自媒体人物的口头禅和语言心锚是他们独特的表达方式之一。这些短语在传达信息、引导情感和互动中发挥着重要的作用，构成了创作者与观众之间的独特连接。

2. 播音腔

一些自媒体人物，拥有特别清晰、专业而又有亲和力的声音，这些人物往往以解说员、主持人、教育类创作者为代表，他们的声音语速适中、发音清晰，能够将复杂的概念简化，易于理解。例如，知名

1."我想死你们了"这句春晚流行语，是冯巩上春晚年年必说的经典台词。最早出自《1995年中央电视台春节联欢晚会》牛群、冯巩表演的小品《最差先生》。

化学教育自媒体人物"化学老师"的声音就具有专业性和亲和力。这类通常使用传统媒体的基本声音素养，具备相关的教育背景、职业经历和专业技能，能够提供高质量、准确、可靠的内容，同时又具有自媒体人的创新和个性。他们能够通过独特的内容形式、风格和视角，吸引更多的观众，扩大传播效果。

3. 娱乐腔

有些自媒体人物的语言充满了幽默感和个性特点，他们擅长使用夸张的语调、幽默的表达方式，揭开生活的日常琐事。而这类人物通常是搞笑娱乐类创作者，擅长使用一些特殊的声音，通过地域性方言带一些幽默犀利的特点，语言加速，语调抑扬顿挫，使他们的表达充满了生动感和张力，成为自媒体领域中的标志性存在。而这种声音与独特的幽默风格相得益彰，成为了一系列搞笑短视频的标志。再比如，一些游戏主播使用其独特的声音特点，或通过不同的发声位置，或通过声卡改变其原声效果，为进展的游戏提供一些松弛感。

4. 特殊语调

每个行业从业者都有自己独特的声音特点，或温柔低沉、或明亮清脆、或幽默风趣、或严肃庄严。这种独特的声音风格、口头禅设定能让听众更快速地分辨出作品类型、风格，甚至辨认出是谁说话，形成个人品牌，刻下声音印记。通过音色、音调、节奏等手段是塑造人物形象的一种重要手段。在综合作品中持续性使用同种变声效果更能使人们形成别具一格的个人品牌。

这些例子都表明，在自媒体时代，声音不仅仅是信息传递的载体，更是创作者个性的展示和观众连接情感的媒介。不同的声音风格能够赋予创作者独特的形象，让他们在海量的自媒体内容中脱颖而出，也为观众在众多内容中找到独特的共鸣点。

二、音乐

自媒体听觉语言中音乐是指自媒体内容创作中运用音乐元素的一种表现形式。它不仅限于歌曲或乐曲的使用，还包括背景音乐、音乐剪辑等方式。传统视听语言中的音乐作为一种无需语言文字，既可传递情感、又是信息的媒介，具有独特的感染力和表达力。

在传统视听语言中，音乐的选择通常与内容情感相辅相成。而在自媒体时代，音乐的选择增加了更多的自由度，为内容提供了更多的感官体验。在自媒体的内容创作中，音乐的运用可以突出重点或情节；自媒体中的灵活性更是为作品的创作增加了创意和表现力的元素；在制作中更注入了灵魂，让内容更具感染力和时代的独特性，为受众带来更为丰富、深刻的听觉体验，实现与受众更好的连接。

1.重要的变化因素

随着时代的转变，音乐中重要的变化因素主要包括互联网技术的发展、社交媒体的兴起、移动设备的使用和人工智能的应用等。

①节奏

不同节奏、节拍、速度的快慢决定了自媒体作品的风格特性。慢速所带来的舒缓、机械律动等情绪；快速所带来的紧凑、灵活等动力性特点都可能增加作品的记忆点、弥补画面的缺失、提升作品的质量和效果。

②体裁

音乐体裁是指在音乐中的类别。在自媒体时代，创作者在完成短视频的初期编辑后，根据不同体裁的音乐决定剪辑的调性，不同体裁的音乐对同一个内容的剪辑所制作出的整体基调效果也千差万别。这也为创作者提供了更多的可能性。根据视频的内容主旨、整体节奏做出选择，而编辑者的年龄不同，所处的时代不同，处理的风格也千差万别。如2023年各大官方媒体也开始选用更亲民的曲目。

③音乐的来源

无论是传统媒体还是自媒体，听觉语言中的音乐部分都占据了主要作用，而其来源相对较为明显。传统的听觉语言，如影视，更注重其音乐的普遍性和大众性，选择一些普遍受大众欢迎的音乐类型和风格，以迎合大众的口味和需求。通常渠道也会相对单一，除了素材库的音乐外，主要通过音乐人进行专业的创作，保证影片的声音质量。而自媒体听觉语言由于其更注重音乐的适配性，因此会根据不同的内容和主题选择不同的音乐类型和风格，使音乐与内容更加贴合，达到更好的听觉体验。

2. 原声音乐

一些较为正式的自媒体账号，可能会采用一些正式的、具有权威性的音乐，如古典音乐、交响乐等，能够提升自媒体短视频的艺术性和文化内涵，使观众对视频的品质和格调产生更好的认知。通过大编制配乐的厚重感，更能增强其内容的专业性和可信度，也是传统影视剧中常见的一种有效的艺术表达手段。

3. 素材库音乐

除了正式的自媒体账号以外，一些自媒体平台会提供部分音乐以供一键制作。如"剪映"中具有丰富的背景音乐库，并进行详细分类，用户可自行选择一些流行的、易于传播的音乐，如流行歌曲、摇滚乐等，来吸引更多的受众。

此外，一些自媒体还会采用一些具有特定主题的音乐，例如电影原声音乐、游戏原声音乐等，来增强其内容的主题性和独特性。而随着时代的改变，音乐的制作可随着剪辑内容做更多的处理和改变。

4. 原创音乐

一些自媒体音乐创作者会采用一些个人/他人原创的音乐，例如自创曲、自编曲等，自成一派。针对不同的自媒体类型和内容制作的原声音乐，具有不同的风格和节奏，适配性高。通过音乐节奏和旋律，可增强视频内容的情感表达和氛围营造，进行个性化定制。

5. 其他音乐平台

不同的自媒体有着不同的定位和风格，因此其音乐来源也会有所不同。而随着互联网技术的发展、平台的数据拓展，自媒体音乐来源也越来越广泛，包括在线音乐平台、音乐社交媒体等。

除了类似"抖音"音乐短视频平台收藏的背景音乐外，也可直接复制QQ音乐、网易云等其他音乐平台的热门背景音乐的链接，并在剪辑软件，如"剪映"中下载该音乐。

总之，选择的多样性使自媒体创作者不再有固定的配乐方式，也没有标配的曲库，反差萌的配乐及配音往往也能让内容脱颖而出，既不会喧宾夺主，也不会遮掉视频原本的华彩。

三、音响

音响也是短视频中的音效，其主要包含除人物语言及音乐之外的所有声音。通过短视频中所出现的自然及人造声音构成其不同的听觉特性，烘托环境、推动情节发展、增加短视频的艺术效果。

自媒体创作者在分享自己的内容时，鉴于网络传播的自由性，其创作内容形式多种多样。而音效无论是在传统媒体还是在自媒体内容中的作用始终都占据重要位置。合适的音效能够为自媒体内容增添趣味性和吸引力，让受众更加容易地理解和记忆内容。

①音效能够通过声音将听众带入到自媒体所描述的场景中，熟悉的音效，特效声音更是能迅速将读者带入到电影的氛围中，增强内容的感染力。

②有传统的音效使用方式，就有反差的使用方式，如庄重的军事主题配上萌妹童声的反差感，硬话软说的效果，既具有趣味性，更有其应有的张力，而这些反差效果往往也能有不一样的效果。

③声音可以刺激听觉神经，在自媒体的大数据作用下，高频出现的副歌部分或者动作类视频配上卡点音效能够让读者更加容易地记忆相关内容。

如在抖音短视频中舞蹈视频、CS游戏的手舞动作等，配合卡点音效，更能激发神经动感；一些搞笑娱乐类视频，通过添加一些笑声、高质量的音乐音效，能够让观众更加沉浸在音乐的世界中，提高观众的参与度和满意度。

最后，随着自媒体时代的到来，音效不只作为背景陪衬，在一些疗愈自媒体创作中，通过空灵的乐器效果，摩擦、碰撞所产生的梵音达到疗愈的效果。

思考：

1、声音的属性包括哪些方面？

2、各类型自媒体短视频音乐案例收集与分析。

第二节 自媒体声画关系

自媒体的声画关系是相辅相成的，它决定了作品的整体效果和观众的视听体验。上一节声音的特性提到，音乐中的"听觉元素"作为必不可少的重要元素，背景音乐可以影响短视频的整体调性与节奏，从而快速增强用户传递信息的力量。耳熟能详的音乐配上不同风格的画面使其更易"复制"及"洗脑式传播"。

一、音乐的选择技巧

在短视频的剪辑处理中，并没有固定的标准。音乐是创作者对剪辑的主观定性。它需要创作者对内容更为了解，把控整体节奏。

1. 整体节奏的选择

短视频的风格和节奏选择都是由音乐来带动的。在视频粗剪后，可根据感觉及风向去寻找合适的音乐，会使视频和画面更具有贴合度。

2. 情感基调的把控

创作者在短视频拍摄前，清楚须传达的情绪风格，会更方便确定情绪基调，并选择相关的音乐风格。而固定的音乐风格，也会使受众联想到原标准视频。

二、自媒体声画关系

无论是传统媒体还是自媒体时代，声音与画面的关系都是表现的重要一环。只有当声音和画面有机地结合在一起，才能够达到最佳的传播效果。例如，在美食自媒体节目中，美食图片和美食视频的结合，能够让观众更好地感受到食物的美味和口感；在旅游自媒体中，美景图片和旅游视频的结合，能够让观众更好地感受到旅游的乐趣和意义。

抖音的一大标签是"音乐短视频平台"，所以每个背景音乐（BGM）都有流量池，各类视频画面作为叙事基础，再借势音乐流量池，不仅能提高其表现能力，还能提高运营效果。声画关系的组合主要有声画同步、声画分离及声画对位三种形式。

1. 声画同步

声画同步，无论是传统创作还是短视频制作，声音都须严格根据画面内容、情绪及节奏保持一致，从而做到视听统一。声画同步也是处理声画关系中最为常见的一种手法。声画同步使画面所营造的时空环境更真实，也就是常说的：所看即所听。声画同步不仅增强了自媒体内容的感染力，还能够让观众更好地沉浸在内容中，加深对内容的理解。

第一，声画同步的作用在于营造出真实的感受。例如，在纪录片类型的自媒体内容中，现场录音和画面能够有机结合在一起增强沉浸感。

第二，声画同步的方式能够增强自媒体内容的感染力，并且同步能够产生强烈的3D感官冲击力。例如，在娱乐类型的自媒体内容中，动感的节奏带来冲击力和感染力。

第三，声画同步的关系能够传递更加丰富的信息。例如，在科普类型的自媒体内容中，讲解员的声音与画面的结合、与视频的结合能够让观众更为深入地了解科学知识。

2. 声画分离

声画分离是指画面和声音不同步，分别独立呈现，通过技术手段实现同步传输和呈现。这种特点使得自媒体内容更加生动、丰富和多样化。其主要是通过互相分离的蒙太奇剪辑技巧，其视频及声音元素具有其相对的独立性。声音和发声体（即：画面内容）不在同一画面，以画外音的形式出现。其在传统视频剪辑中主要作用于衔接画面、转换时空、转换人物的心理活动。其分离的特点更能使画面变得灵活多变，实现声音和画面的自由组合和呈现。声画分离不同于同步的特点在于其更能激发自媒体作者的无限创意，没有指向性的短视频通过不同的声音和画面组合，创造出更加独特和有趣的效果，使自媒体内容可以跨媒体传播，可以通过不同的媒体平台和传输方式，实现全球范围内的传播和共享。

在使用声画分离的过程中，通常需要将音频和视频分别进行录制、处理和粗剪，再通过后期制作加入配音和配乐等声音效果，实现其分离的效果，达到相辅相成的作用。

而我们常见的声画分离的自媒体案例，如电影解说类，通过解说来介绍电影的背景、情节和评价等，同时配合相关的画面和音乐，创造出一种独特的观赏体验。而现在的自媒体电影解说常见开头"注意看，眼前这个男生叫小帅……"也成了心锚式的电影解说开场。

而游戏类视频的声画分离通过音效，对游戏中的操作、战斗等方面进行解说和点评。除解说外，音效通常会以游戏原声音效为主。

教育培训类也是采用音画分离手法的主要类型之一，将音频和视频分别录制和处理，后期处理同步声音和画面，实现更加生动、形象的观赏体验。

除了传统分类外，抖音平台上一些有声小说短视频会配合部分手工制作视频、跑酷游戏录屏、蛋糕制作视频等，也成了自媒体短视频音画分离的主要代表。

3. 声画对位

声画对位是指声音和画面分别表达不同的内容，从情绪、氛围、节奏、内容等多个方向相互对立，通过各自独立的特性相互作用、相互衬托，如通过对立的效果形成情感上的反差。

从传统意义上来讲，声画对位的关系更能使观众产生联想的效果，也就是我们现在所形成的"反差萌"。如影视片段《英雄》2004版中棋馆对战，通过声画对位的方式，以静衬动，极简的画面和古琴独奏加水滴音效等干净、简单的声音对比精神世界中的对战。而这种声画对位方式在自媒体中的使用相对较为简单。

自媒体声画对位以其独特的特点和使用方式，形成了丰富多样的内容生态。它不仅是个人表达和信息传递的渠道，也是社会文化和价值观念的反映。

三、声画关系案例

大众注意力大多分散化，传统媒体时代的信息不对称性与唯一性被打破，各大政府官媒（以下简称官媒）想要达到以前一样的高收视率与高互动性，紧抓大众喜闻乐见的形式是关键。

1. 自媒体视频、广播节目

这类节目在早期由普通网民或播音主持爱好者自行上传和录制，其主要使用设备也较为简单。近年来，越来越多的新闻主播选择入驻自媒体平台，如微信公众号、今日头条、百家号、抖音、快手和微博等。这些自媒体平台给他们提供了一个全新的舞台，让他们能够以更加个性化的方式与观众互动，分享自己的观点和见解。

中央电视台新闻联播主持人可以充分利用自己的专业知识和权威声音，在如微信公众号、今日头条、百家号等平台为读者提供深入、有价值的新闻信息。例如，他们可以发布一些独家报道或者深入解析新闻热点事件的文章，吸引更多的读者关注。此外，他们还可以通过公众号与读者进行互动交流，及时了解大众对新闻的看法和建议[1]。

2. 官方媒体

随着自媒体的发展，各大官媒接二连三开始接地气的画风转型，"恐龙抗狼抗狼抗""阳光开朗大男孩""眼睛瞪得像铜铃""大风车吱呀吱哟哟地转"……2023年8月短视频平台官方认证账号画风突变，"北海舰队""中国航天科工""中国军工"等多个官媒玩梗引热议，其中"中国军工"

---

1. 顾熠男. 新媒体对有声语言传播提出的新要求 [J]. 科技传播，2015, 7 (08): 102-103. DOI:10. 16607/ j cnki. 1674-6708. 2015. 08. 209.

以"谁再胡说八道，就给他一电炮"这句歌词为背景音乐发布的短视频点赞量和互动量大幅提升；"人民日报"航天科工版的《向云端》致敬航天人，让用户感受到了大国重器的魅力，被称为最硬核的《向云端》版本；"中国检测"更是通报满屏账号，回应"以下官方账号整活不带我"，以至于网友笑谈："以为是通报封号！[1]"

通过不同音乐类型，特色化歌词匹配官媒视频内容，不仅让庄重的媒体有了亲和力，歌词的表达配合视频内容，更是能引发观看者的共鸣。通过时下热门歌曲、魔性配音为军事类短视频所带来的"萌妹硬汉""亲民活宝"反差的即视感，不仅不影响其庄重感，更能让用户感受到来自国家独有的亲和与安全感。

3. 纪录片自媒体

纪录片自媒体的声音效果主要以专业的配音演员来增色，不同体裁类型的纪录片对声音的要求也会有其独特的性格特点。专业的配音演员能够通过语音的节奏、语调和情感来为纪录片增色。例如，在历史类纪录片中，配音员需要用庄重、沉稳的语调来传达历史的厚重感；在自然类纪录片中，则可采用轻柔、自然的语调来营造出宁静、自然的氛围。

纪录片中的现场录音也是自媒体中真实感的声音效果之一。通过现场收录取代后期配音，使纪录片拥有更为真实的音效。例如，在人物访谈类纪录片中，现场录音能够真实地呈现出被采访者的语音语调，让观众感受到他们的情感和态度。

---

1. 陆云晓. 官方账号纷纷"整活"，走下"圣坛"的官媒如此可爱 [EB/OL].
2023.08.01. https://baijiahao.baidu.com/s?id=1772988902738223691

此外，解说词也是纪录片自媒体中最为重要的传达方式之一。例如，在历史类纪录片中，解说词能够为观众解释历史事件的背景、原因和影响等关键信息，帮助观众更好地理解纪录片的内容。

4. 音乐自媒体

抖音音乐主播是指在抖音平台上通过发布音乐相关内容，积累粉丝并形成个人影响力的主播。典型的抖音音乐主播有独特的音乐风格和表现形式，通过高质量的音乐作品和创新的表演方式吸引观众，形成个人品牌。

比如：抖音音乐达人"饭饭Annie"作为一位在抖音平台上备受瞩目的音乐达人，她的音乐风格偏向流行和民谣，具有清新、温柔的特点。她通过在抖音上发布个人翻唱、原创歌曲和音乐MV，吸引了大量粉丝的关注。在音乐表演上独具匠心，不仅拥有出色的嗓音和演唱技巧，还会根据歌曲的意境和情感，搭配精心设计的MV场景和服装，营造出独特的音乐氛围。有融合了摇滚和流行组合的案例，如"小阿堂&暴走"，他们的音乐风格，具有激情和活力的特点，通过在抖音上发布音乐MV和现场演出，吸引了大量粉丝的关注。他们在音乐表演上充满创意和互动性，不仅拥有独特的音乐风格和出色的表演技巧，还会在表演中与观众互动、进行即兴创作等，营造出热烈的现场气氛。

5. 旅行自媒体

旅行类短视频主要内容都是世界各地的景、物、人，通常这类短视频搭配一些较为清冷大气的音乐，配上自然音效，如：鸟鸣、水声等。

这些大气的长线条音符能让用户产生一种放松的感觉。通过视频中景点画面和旁白的结合，张弛有度的节奏，线条舒缓而流畅，能提高旅行的格调，可以让观众更好地了解景点的历史和文化，增强对旅游的体验和感受不同种类的旅行视频。如图3-1所示，分别以地域旅游、科学探索等作为主题。

图 3-1-1《神都洛阳》[1]　图 3-1-2《白岩村》[2]　　图 3-1-3《宇宙的尽头》[3]　图 3-1-4《湘西芙蓉镇》[4]

图 3-1 案例：旅行类自媒体大 V

6. 美食自媒体

中国中央电视台陈晓卿执导传统的美食类纪录片《舌尖上的中国》通过代表性的台词，"高端的食材往往只需要采用最朴素的烹饪方式……"并在制作菜品中配合相应的音效，增加听觉体验。例如，搅拌、混合的音效；烤制或油炸的过程音效，剪辑中可增加些刀切蔬

1. 图 3-1-1，@ 房琪 kiki：《神都洛阳》，2023.04.10。

2. 图 3-1-2，@ 房琪 kiki：《白岩村》，2023.08.06。

3. 图 3-1-3，@ 科学旅行号：《宇宙的尽头》，2023.08.06。

4. 图 3-1-4，@ 航拍摄影旅行家 ShawnWang：《湘西芙蓉镇》，2021.10.03。

菜、煎炒食物等声音，都可作为增强观众听觉感受的助力。除了烹饪
音效外，地域性的背景音乐也是为美食节目增加其地域文化气息的方
式之一。

从左起：图 3-2-1《忘记自我》[1] 图 3-2-2《头脑清空》[2] 图 3-2-3《解压触发》[3] 图 3-2-4《解压》[4] 图 3-2-5
《蜂巢拉丝》[5]

图 3-2 案例：解压触发型声音

7. 美妆自媒体

常见的美妆类视频号如"沉浸式回家""沉浸式卸妆""沉浸式护肤"
体验等，会配合一些轻快的背景音乐，标题的打字声，同时配合相应
的动作音效，如化妆盒、喷雾声、关门、敲击、金属碰撞等营造出沉

1. 图 3-2-1，@ 吉吉·轻聆颂钵：《忘记自我》，2023.08.01。

2. 图 3-2-2，@ 吉吉·轻聆颂钵：《头脑清空》，2023.07.17。

3. 图 3-2-3，@ 小白沉浸式助眠：《解压触发》，2021.12.25。

4. 图 3-2-4，@ 一起来解压：《解压》，2020.1.26。

5. 图 3-2-5，@ 嘉儿哄睡屋：《蜂巢拉丝》，2021.10.29。

浸感。除了音效外，美妆类自媒体博主通常会使用一些欢快、轻松、时尚的音乐，通过音乐自带流量池来吸引相应的用户。

常用的美妆博主背景音乐也包括流行歌曲、电子音乐、流行摇滚等。这些音乐都有较强的节奏感和易于记忆的旋律，可以增强视频的节奏感和视觉效果。

8. 解压的触发音自媒体

在这个快节奏的生活环境下，通过高质量的声音舒缓也是一种疗愈方式，其原理在于它能够影响我们的思维和情绪，从而让我们进入一种放松的状态。

在实践中，高质量的声音舒缓可以结合多种不同的声音和技巧，例如深度呼吸、冥想、瑜伽等。这些技巧可以帮助我们更好地放松身心，进入一种平静和放松的状态。例如，冥想类短视频配合阿尔法脑波声音，或大自然中白噪音、海浪声、雨声或森林鸟鸣声等，这些声音可以让我们放松身心、缓解压力、提高注意力和创造力。

9. 有声读物

在新媒体渠道中的有声语言作品，主要有科普类的视频（动画）配音，如《飞碟说》、壹读视频等；纯粹的娱乐搞笑节目，如"胥度吧"的视频；以及知乎、番茄等人工智能有声小说读物。

10. "人生导师" 类自媒体

通过动画视频，或AI视频人物制作所产生的有声感悟类视频，如《一禅小和尚》自2016年开始运营，截至2023年8月累积抖音有4500多万粉丝量，小红书累积173万粉丝量。其主要通过奶声奶气的小和

从左起：图 3-3-1《一禅小和尚》[1] 图 3-3-2《小鲤与琥珀》[2] 图 3-3-3《喵小兔漫画》[3] 图 3-3-4《三尺童子》[4]

图 3-3 案例：动漫人生哲理类短视频

1. 图 3-3-1，@一禅小和尚：《人生感悟》，2020.03.08。
2. 图 3-3-2，@小鲤与琥珀：《比赛现场》，2023.04.07。
3. 图 3-3-3，@喵小兔漫画：《抓鸭子》，2021.01.09。
4. 图 3-3-4，@三尺童子·食玩手工坊：《芝麻工厂》，2023.07.04。

尚发问，以及师父颇有哲理意味的回复，让很多人瞬间悟懂生活的真谛。这类视频除了动画3D视频对制作要求很高，固定模式的声音效果也是其吸引大量粉丝的重要原因。

以上案例都表明，自媒体听觉语言可以通过不同的表现形式来传递信息和表达观点，以及作者是否能够将自己的个性和情感融入其中，打造出独特而富有感染力的语言风格。创作者独特的创作风格及内容，配合高质量的音乐作品，不断提升自己的音乐素养和文化内涵，并善于借助平台特点和合作伙伴的力量，不断提升自己的影响力和商业价值。不同时段、不同内容的流量池有助于创作者吸引大量粉丝的关注，逐渐形成个人品牌。

不同类型的短视频定位所使用的音乐在选择范围广泛的情况下，还是有大框架下的分类。大致可归为以下五点：

①理解内容的主题和情感，选择与之相匹配的音乐类型和曲目。

②根据不同的场景和需求，选择适合的音乐节奏、旋律和情感表达。

③注重音乐的品质和格调，选择高质量、有文化内涵的音乐作品。

④在搭配音乐和画面时，注重音乐与画面的协调性和互补性，营造出最佳的视听效果。

⑤不断尝试新的音乐类型和风格，保持自媒体内容的创新和吸引力。

思考：

1、声音的属性包括哪些方面？

2、声音包含哪些作用？

第三节 自媒体声音结构处理

自媒体声音结构处理是指在自媒体创作中对声音进行组织和处理的过程，通过对声音的采集、编辑和制作，构建一个有吸引力和感染力的自媒体声音形象，以呈现更好的作品内容和提升观众体验为目的。其构成方式主要包含抽象、具象、夸张、意向、变形、重构、空间等。

首先，自媒体声音结构处理更为注重声音品质的改善。而高质量的声音可以增强自媒体作品的表现力和感染力。为了获取最佳的声音效果，自媒体人需要选择适合的录音设备，并在录音时注意环境噪声和其他干扰因素。在后期制作中，可以通过音频软件对声音进行降噪、均衡和混响等处理，以提高声音的清晰度和质感。

其次，自媒体声音结构处理强调声音的节奏和韵律。在制作过程中，自媒体人可以尝试将自己的演讲稿调整语速、音调和节奏，进行节奏划分，并在重点部分适当加强语气和情感表达。同时，也可以通过音乐和音效的运用，为整个作品营造氛围和情感，进一步增强节奏感和韵律感。

再次，自媒体声音结构处理注重情感的表达。情感是吸引听众的重要因素之一。为了激发听众的情感共鸣，自媒体人需要将自己的真实情感融入声音表达中。在录音和制作过程中，可以尝试通过调整语调和语速等方式，将情感表达得更加细腻、真实。

最后，自媒体声音结构处理需要与视觉元素相配合。自媒体作品中的视觉元素，如文字、图片和视频等，都可以与声音元素相互配合，构建一个丰富、多元的自媒体作品。例如，在讲述某个历史事件时，可以配合相关图片和视频，并通过声音来渲染氛围和情感。

总之，自媒体声音结构处理是通过改善声音品质、强调节奏和韵律、注重情感表达及与视觉元素相配合等方式，来构建一个有吸引力和感染力的自媒体声音形象。根据个人的特点和风格进行灵活运用，制作出更有特色的自媒体作品。

一、不完整的结构特征

自媒体音乐不完整的结构特点指的是音乐在创作中或开放式剪辑，或片段式剪辑。在许多自媒体作品中，作者可能会直接进入主题，而没有进行正式的引入。这也导致了在自媒体作品中，听觉语言也存在一些不完整的结构特征，这些特征可能会影响信息的有效传递。而这种不完整的结构特点也常常用于自媒体作品的片尾，使观众对作品留下深刻印象。

首先，缺乏正式引入可能会导致听众对信息的接受度降低，或者对主题的理解出现偏差。而反过来讲，对不完整的视频，没有音乐的前期铺路，使可选择的声音类型范围也会随之增多。

其次，缺乏细节和例证。细节和例证是传递信息时较为重要的部分。然而，在自媒体作品中，需要短时间呈现更多的内容，会导致必要的细节和例证缺失，而这种缺失不只包括视觉信息内容，更包含声音信息内容。既要呈现关键内容，又不能在短视频中信息过量，就需要自媒体人更加注重细节和例证的筛选。

再次，自媒体短视频，由于其时间"短平快"的特点，使得短视频缺乏清晰的结构。

最后，除了个别大V通过口头禅的设定、特殊的语调调整来构建独特的语音形象外，绝大多数自媒体人缺乏一致的语音形象，可能导致受众在信息过载的情况下，过滤掉不具有代表性的内容。良好的台词设定、口头禅的使用、个性化设置，可以明确自己的品牌形象，并在所有作品中保持一致的语音形象，这样可以帮助听众更好地识别和记忆自己的品牌，提高自己的影响力。

总之，自媒体人需要认识到这些问题，提高自己的表达能力和品牌形象，并采取相应的措施进行改进。同时，自媒体人也需要不断学习和实践，不断提高自己的听觉语言能力，以适应不断变化的市场需求。

二、可剪辑特点

由于短视频平台在最开始具有时长限制，意味着自媒体不完整的结构特点，并具有可剪辑特点。

首先自媒体听觉语言的一个重要特征是可剪辑性。作者可以通过剪辑来调整信息的语义结构，在创作过程中通过剪辑和拼接的特点，以表达出个人的观点和情感。通过剪辑，自媒体人可以突出重点，淡化次要信息，将信息按照逻辑顺序排列，使听众更容易理解。音乐结构中可能包含明显的引子、高潮和尾声，创作者可根据个人需求进行剪辑，分段拼接，以适应作品的情节发展。这种可剪辑的语意结构可以让自媒体人更加灵活地掌控信息的传递，提高传达效果。

其次，自媒体作品的另一个特点是多样化的语言表达。不同的创作者语言风格和表达方式都不同，自媒体人可以根据自己的特点选择适合自己的语言表达方式，以吸引听众的关注。多样化的语言表达可以通过大数据分流给特定的受众群体，使观众和创作者产生共鸣。

最后，自媒体听觉语言具有动态的听觉效果，可多样化地运用声音效果、音乐和音效等元素，创造出更加生动、逼真的听觉体验。

总之，自媒体听觉语言的可剪辑特征为自媒体人提供了更多的创作空间和灵活性，但过度的剪辑，也会导致信息的真实性和完整性受到影响。同时，自媒体人也需要注意不要滥用声音效果和个性化声音形象，导致听众的注意力被分散或者感到不适。

三、音乐兼容并蓄的结构特点

自媒体听觉语言中的音乐兼容并蓄结构特点，是自媒体作品在听觉体验上的一大特色。音乐的融入，使得自媒体作品在传递信息的同时，也营造出了独特的氛围和情感。

自媒体音乐的兼容并蓄的结构特征体现在多种音乐元素和风格融合，形成独特而多样化的音乐体验。在一首作品中，不同的融合使得音乐更富有变化和惊喜，让观众在欣赏时感受到无限的新奇和吸引力。而音乐风格的转换、节奏的快慢、情感和旋律的变化都可能在作品中不断调整，风格的转换使得音乐充满戏剧性和动态感，为作品注入了丰富的情感和张力。

此外，自媒体音乐还常常融合古典与现代的元素。音乐与内容的契合程度是影响作品质量的重要因素。古今融合的结构特点让音乐兼具传统与时尚，使观众体验到古朴与现代的美妙交融，也是一种反差创新的体现。

创作者可以根据作品的需要进行剪辑和重组，使创作内容更具有灵活性，这种灵活性使得自媒体人可以自由地控制音乐的节奏和长度，以适应不同的作品需求。例如，在强调动作感的作品中，选择节奏明快的卡点音乐来增强作品的节奏感；在叙述性较强的作品中，选择悠扬的背景音乐来营造氛围等。

四、声音编辑

声音编辑是指对声音素材进行后期的选择、剪辑、混音等处理，以创造出特定气氛和效果的创作过程。在自媒体作品中，声音编辑的技术手法对提升作品的艺术表现力和感染力具有重要作用。

1. 选择合适的声音素材

在声音编辑过程中，选择合适的声音素材是第一步。自媒体人需要根据作品的主题和情感需求，选择与之匹配的声音素材。例如，在讲述历史事件时，可以选择具有年代感的音效，如老式打字机、旧式汽车等；在描述自然风光时，可以选择鸟鸣声、流水声等自然声音。选择合适的声音素材能够有效地增强作品的真实感和代入感。

2. 音效设计

音效设计是指根据作品的需要，创造出现实生活中没有的特殊声音效果。在自媒体作品中，音效设计能够增强作品的独特性和吸引力。音效设计的方法包括将声音进行变形、合成、采样等处理，也可以使用特殊音效器材来实现。例如，通过将人的呼吸声进行变形处理，可以创造出诡异的气氛音效；通过对普通物体进行采样，可以创造出独特的打击音效等。

3. 混音处理

混音处理是指将不同的声音元素进行平衡、混合、修饰等处理，以创造出整体音效的一致性和立体感。在自媒体作品中，混音处理能够使各种声音元素相互融合，呈现出清晰、丰富、层次分明的音效。混音处理包括音量调节、平衡调整、音效修饰等操作。通过混音处理，自媒体人可以确保作品的音效质量，并提升作品的听觉体验。

四、移动端剪辑软件应用

视频片段的后期创作过程也是极为重要的其中一个环节，移动端软件具有易用性和高效性。用户在使用软件时上手快、操作简单，将视频片段进行拼接，添加特效、文字、音乐等元素，轻松制作出令人满意的视频作品。而且，移动设备上的剪辑软件通常与云存储服务集成，用户可以随时随地访问和编辑视频，无须将大量素材存储在设备本地。

自媒体移动端剪辑软件提供了自动化制作功能。例如，支持快慢镜头、色彩调整、画中画、转场效果等高级剪辑功能。此外，许多移动端剪辑软件还提供了模板和预设，帮助用户快速制作出具有专业水准的视频作品。

"抖音"："抖音"作为音乐短视频App，背景音乐是不可或缺的元素，其卡点、节奏、拍摄思维等都受其影响，其素材库储备了大量曲库、歌单，可根据短视频的风格选择相应音乐分类，也可通过热门案例拍摄同类型视频。除了基础效果外，"抖音"App中还包括各类变声特效可供用户进行个性化挑选。

"剪映"："剪映"是"抖音"推出的官方剪辑软件，支持iOS版和Android版，具有五种添加音频方式：①使用音乐库中的音乐；②提取其他视频音乐，并导入新视频；③使用本地音乐；④添加内置音效；⑤录音。

五、PC 端剪辑软件应用

除了移动端视频剪辑软件，还有Adobe公司的Premiere和Audition，以及苹果公司的Final Cut Pro都是后期制作较常见的软件。在声音制作要求精细度不高的情况下，可直接在Premiere中进行声音编辑。而Audition作为一款专业的音频处理软件，主要用于音频剪辑、混音、录音等。它提供了精确的音频编辑工具，例如频谱分析、噪声减少、回声、变声等，可以帮助用户对音频进行精细的调整和修饰。Audition还具有丰富的音频特效库，可以创建各种音效和环境音效，适用于音乐制作、游戏音效、广播剧等音频相关领域。

在声音编辑软件中，使用剪辑工具对音频进行切割、裁剪、删除等操作，调整音频增益工具，调整音量级别，或使用速度工具调整音频的速度和音高；也可以使用声音编辑软件中的修饰工具对音频进行进一步的调整和改善；增加所需特殊音效，如机器人、怪兽、回声等效果。Audition最主要的使用是其降噪、去除噪音、均衡等工具，高质量对音频进行优化，以使其听起来更加清晰和优质。

声音编辑软件的制作流程包括音频录制、导入、剪辑、修饰、混音和导出等步骤。通过这些步骤，用户可以将原始音频素材转化为最终的音频作品，适用于各种媒体制作和应用场景。无论是专业的音频制作人员还是业余爱好者，都可以使用声音编辑软件创建出色的音频作品。

总之，自媒体无论是使用移动端剪辑软件还是PC端剪辑软件，都可以使用户制作出高质量的视频作品。

思考：

1、自媒体声音设计流程包含哪些环节？

2、有哪些声画关系的典型案例？

3、练习：自媒体短视频的声音设计

要求视频有角色语言、音效、音乐设计：①选择合适的背景音乐；②为画面内容配上相关音效；③提高完整声音质量后期混音；④总结声音设计思路及过程。

第四章
自媒体影像作品的
剪辑

第一节 认识剪辑

21世纪初，数字摄像机和非线性编辑软件的发展使得影像剪辑进入了数字化时代。剪辑师可以使用计算机对视频素材进行编辑和处理，大大提高了剪辑的效率和创作的自由度。

随着互联网技术不断发展推动，互联网进入2.0版本，社交媒体逐渐兴起，人们开始在互联网上分享自己的生活和创作，自媒体影像也开始在社交媒体平台上发挥作用。当下，抖音、快手等应用上线，推动了短视频形式的流行。越来越多的用户开始使用自媒体平台来分享自己的影像作品，影像剪辑成为自媒体影像创作的重要环节。伴随着智能手机和平板电脑的普及，越来越多的人可以随时随地进行影像剪辑。各类影像剪辑软件和手机应用也陆续上线，为剪辑师提供了更多选择和便利。

可以说，剪辑作为影像制作中的重要环节，经历了一系列的技术和艺术上的发展，以下是剪辑发展的主要历史阶段：

1、剪辑的历史与演进

剪辑艺术从技术形态走向艺术形态，时至今日，成为一种技术与艺术相融合的独特艺术形态。电影诞生于19世纪末，卢米埃尔兄弟拍摄的《火车进站》《工厂大门》的实践与放映，让电影成为唯一一个有着确切诞辰的艺术门类。然而，从视听艺术的发展历程来看，早期卢米埃尔兄弟把摄影机固定在某一个位置上，以固定的距离、全景的方式从头到尾记录下生活中的某一个片段，影片尚未考虑到剪辑问题。

19世纪末20世纪初，法国魔术师乔治·梅里爱（Georges Méliès）一次拍摄街上行驶的汽车，不巧拍摄机器出现故障，导致拍摄中断，随后开机恢复继续拍摄。当时，机器故障前记录到的是一辆小汽车，再开机时恰巧一辆灵车经过，于是这一段毫无处理的胶片最终在放映时出现了"街车变灵车"现象。梅里爱由停机再拍出现的现象受到启发并探索，创造了升格、降格、淡入、淡出、叠画等特技画面。之后，他结合了魔术表演与戏剧元素，创造了多部带有魔幻色彩的经典电影。这也是电影蒙太奇的开始。

2、"蒙太奇语言" 发轫与成熟

20世纪初，随着蒙太奇技巧的出现，各国导演也在探索影像创作中新的可能。美国导演埃德温·鲍特在1903年拍摄的《火车大劫案》是电影史上第一部运用蒙太奇手法的影片，也被视作现代电影的开山之作。之后，在《一个国家的诞生》和《党同伐异》两部由美国导演格里菲思执导的影片中，利用平行、交叉、并置等形式拓展了"蒙太奇语言"等语法，进一步丰富了蒙太奇的范式。

蒙太奇，来自法文montage一词，原为法国建筑学术语，意为"组装、组合"。在蒙太奇发展的初期，人们带着惊奇不断进行实验、探索，蒙太奇的形式和功能逐渐被认识和揭示出来。组接不同的镜头能够形成相异的表意功能。库里肖夫曾做过这样的试验：从演员莫兹尤辛的资料中选取了几个没有任何表情的静止面部特写镜头，并与其他

图4-1 库里肖夫效应实验

影片片段（汤、女尸、女孩）组合完成，观众对演员的情绪判断依次是贪婪、沉重和轻松（见图4-1）。

之后，"蒙太奇"的语法和规律在库里肖夫、爱森斯坦、普多夫金等人的实验中得到进一步的概括和规范。一批蒙太奇艺术典范之作诞生，如《战列舰波将金号》等，也形成了蒙太奇学派的著名流派。

3、剪辑是核心

电影诞生的初期是没有剪辑师的，也不存在剪辑，早期影片大多是固定机位、固定景别的单一镜头呈现。就连卢米埃尔兄弟都认为电影只是记录生活零散碎片的工具，没有未来发展前景。随着视听技术的飞速进步，电影艺术的日臻纯熟，媒介材料的演进从胶片、磁带转向数字化电子信息。媒介材料的变化，剪辑更深刻的意义及更丰富的功能被发掘和创造出来，电影制作技术的美学思维也在发生变化。

镜头之间的组接能自由地创造影视时空，通过不同的蒙太奇手法可以重塑时空。比如，以升格镜头或多个镜头的积累组接来延展时间，把一个原本几秒、几分钟的场面扩展延伸开来，使观众充分感受到这几秒钟、几分钟里的壮美、崇高或惨烈、哀痛；也可以用几个具有代表性的镜头、段落来压缩时间，把上下几千年的历史或纵横几十载的人生浓缩在一两个小时、几十分钟里；还可以用闪回来制造回忆、重回过往，用平行或交叉蒙太奇来表现不同时空中的人物关系及情节发展；用反复、对比、隐喻等蒙太奇来表现人物的内心活动和情感状态，来象征和表达某种观念。

无论是真实的空间还是虚拟的空间，技术的可能性和艺术的才情已经使创作几乎无所不能。而到了数字电影制作技术，剪辑不再是镜头与镜头的联结、画面与画面之间的衔接，而是处理影像的一种手法。通过后期"特效技术"，现实中不可能出现的视觉形态被自然地创造在观众面前。

电影《阿甘正传》的开场，一根特效制作的羽毛飞向城市，穿过树林、小镇、车底、人群最终落到阿甘的脚边。片段中没有切割镜头，但视听语言却十分丰富。超脱柔软的羽毛，带领全场观众慢慢走进阿甘的生活。电影《侏罗纪公园》系列，全片至少70%的画面都是由特效制作完成的，1993年上映的《侏罗纪公园》，就让观众认为史前恐龙的真实存在，因为恐龙造型、纹理、细节特效渲染得十分精致。当下，数字合成技术已成为电影剪辑艺术发展的一种趋势，创作者构造史前时代、塑造人类未来，重现或虚构重大灾难，乃至表达外星人的降临、异次元的世界等，时空的交叠与变换几乎没有任何限制。

4、新媒体时代下自媒体影像作品剪辑特点

　　随着互联网和社交媒体的兴起，剪辑不再局限于电影和电视，还广泛应用于广告、短视频、自媒体影像等领域。剪辑师可以通过互联网快速分享和传播自己的作品，与更多观众进行互动和交流。自媒体人利用视听媒介传达信息已成为一种非常流行的方式。

　　以下是自媒体影像作品剪辑的十一个主要特征：

　　①视频制作最重要的基础——脚本的撰写。这是剪辑前最重要的准备工作，大众传播已经从注重编码到注重解码转向，撰写什么故事，怎么去表现当下，应站在受众方去考量。提前做好脚本工作能够为视频创作提供最重要的指导和支持，如准备、选材、剪辑方向等。在撰写脚本时，需要考虑受众人群，传达的内容和创意，明确节奏、角色和情感等元素，确保剪辑出来的视频逻辑清晰、条理分明。

　　②自媒体视频制作有很大的自由度，但是在视频剪辑时需要注意画面的合理运用。有些内容可以通过图文的形式传递给受众，而有些内容需要通过画面来表现。在选择画面素材时，需要统一取景，注意画面的美感和生动性，以及冲击力，切不可选择过多的素材影响视频的节奏及质量。

　　③自媒体视频中声效的作用也非常大。声效是在剪辑完成后添加的，而它的运用可以调动观众的感官，表达出更多的东西。

　　④在拍摄视频时，尽量去选择收音设备录音。如果无法实现良好的收音，或是录制素材的环境嘈杂，在后期剪辑的时候适当地对音频做降噪处理，同时为作品添加字幕。字幕是另一种传递信息的方式，对视频内容和细节进行补充，以加强受众的理解和记忆。在添加字幕时需要注意选择适当的字体、字号、颜色和居中的方式等，以确保字

幕能够让观众更加清晰地理解视频内容。

⑤短视频形式。自媒体影像作品通常以短视频形式呈现，一般持续时间较短，通常为几分钟到十几分钟。时间不够，观众无法理解；时间过长会让观众产生急躁情绪，对观影效果造成影响。在剪辑时，需要把握好一个度，根据视频内容的特点合理控制精剪的时长。剪辑师需要善于在有限的时间内传达信息和故事。

⑥快节奏。自媒体影像作品通常需要保持快节奏，以吸引观众的注意力，并在短时间内传达信息。剪辑师需要合理运用剪辑技巧，如快速剪辑、快速切换场景等，以提高影片的节奏感。

⑦多样化的素材。自媒体影像作品的素材非常多样化，可能包括拍摄的视频、照片和音频等。剪辑师需要善于整合不同的素材，并使其融合在一起，形成一个有连贯性的故事。

⑧强调视觉效果。自媒体影像作品通常注重视觉效果的呈现，使用色彩处理、特效、动画等手段增强影片的艺术感和吸引力。剪辑师需要熟悉各种视觉效果的应用，并适时使用。

⑨留白和留白的技巧。留白是指适时停顿，在影片中安排适当的空白时间，让观众有时间吸收和思考。留白的技巧是指在设计影片结构时，合理安排悬念和未完待续的情节，让观众产生持续的兴趣和好奇心。剪辑师需要善于运用留白和留白的技巧，创造更好的观影体验。

⑩强调故事性。自媒体影像作品通常注重故事性，通过故事情节的安排和剪辑手法的运用，吸引观众的情感共鸣。剪辑师需要善于抓住故事的重点和情感节点，通过剪辑技巧来传达故事的张力和情感。

⑪互动性和社交属性。自媒体影像作品通常在社交媒体平台上发布和传播，希望与观众进行互动和交流。剪辑师需要考虑观众的参与和反馈，通过剪辑手法来引起观众的兴趣和共鸣。

抓住以上特点，自媒体创作者可以根据具体情况和需求，灵活运用不同的剪辑技巧和手法，并通过实践不断探索和创新。制作出更加专业、有质量的视频，提升自己在自媒体领域上的竞争力和影响力。

思考：

1. 请谈一谈什么是剪辑？

2. 请谈一谈蒙太奇和剪辑的关系？

第二节 自媒体影像作品剪辑技巧

一、剪辑的原则及目的

影片的剪辑要分三个层次去理解：一是镜头和摄影机的连接，也就是上下镜头的关系；二是把几个镜头组成一个段落的片段，也就是运用蒙太奇思维去结构；三是作为影片总体结构的一个考量，也就是影片整体的立意。

镜头是构成视听作品的最小单元，也是构成基本的视听语言的元素。镜头剪辑不仅要按照创作构思，围绕特定主题，还要遵循镜头匹配的原则，寻找画面与画面、声音与声音、画面与声音之间连贯的因素，确定恰当的镜头长度和剪接点，通过适当的手法将之组接在一起。

镜头剪辑的主要目的有两个，分为叙事和表现。这就决定了镜头与镜头之间的连接有两大基本关系，前者以交代情节、展示事件为主旨，一般按照情节发展的时间、逻辑顺序来分切组合镜头，重在叙事功能；而后者是以加强艺术表现力和感染力为主旨的，它以镜头的对列为基础，可以创造思想、节奏、隐喻、悬念和情绪等。在影视的实践创作中，通常一个段落镜头剪辑既要考虑叙述，同时又要考虑表现某种情感或思想。因此，它既有叙事的成分，又有表现的成分。本节重点将篇幅放在剪辑技巧上，基础剪辑原理只做简要概述。目的在于学生可以跟随此书快速上手，创作作品。

二、镜头组接技巧

剪辑中的"视觉联系"，是指上下镜头衔接时连贯一致，在视觉和听觉效果上流畅连贯，使观众的视线既不产生视觉上的跳跃，也不产生心理上的隔断。当然，也有创作者为了特殊的表达或者呈现强烈的视觉冲击会故意造成"打断"。我们在本节中首先来掌握一般性规律与原则。

（一）运动剪辑

第一，为确保运动剪辑的连贯流畅，选择运动镜头时，首先要明确主体或摄影机运动的目的性。比如，推镜头表示空间的迫近与缩小，由远至近，由事物的外部逐步深入到事物的内部，用于介绍环境或强调重点，所以常常在段落或场面的开始使用；拉镜头表示空间的远离与扩展，用于增加表现内容或结束场面，所以一般作为段落或场面结尾；摇镜头和移镜头、跟镜头，通常用于展示相互关系和环境场面，交代动作的具体过程，具有介绍性和联系不同重点的作用，因而使用方式更加灵活、多样。

运动剪辑中需要避免连续推拉（拉风箱式）或左右横摇（刷墙式）的镜头剪接方式，因为这样镜头连接的目的性和动机不明确。比如，推镜头（景别由大到小、由远及近）是表示"接近"，符合一般人们观察生活的心理感受和逻辑；拉镜头（景别由小到大、由近及远）是表示"远离"，则可以制造悬念，慢慢揭开真相的设置。所以，在镜头运动组接中切勿一推一拉，不仅视觉感受不协调，而且会在意义理解上误导观众。这里需要注意的是，一般不能把同主体、同机位、同景别的镜头相接，不然会形成跳切，除非需要以此来做特殊表现。常用解决办法是插入其他镜头作为过渡，或者改变机位拍摄。

第二，前后镜头动作的快慢、方向、气势，在剪辑时都要充分考虑到。速度、方向和动势是运动剪辑的三个形式要素。一般情况下，要遵循等速度连接和同趋向（动势）连接的原则。等速连接，即保持前后镜头在运动速度上的连贯。如果前后镜头的运动速度明显变化，则视觉感受不协调。部分类型片，如恐怖片中，创作者会让观众熟悉上一个镜头的运动速度，随机在下一个镜头中突然加速。这样的不协调就会带来其想传达的视觉冲击。在常规叙事中，我们尽量同趋向（动势）连接，保持前后镜头运动方向的一致，动势上也尽可能保持一致，使之产生"顺势而接"的流畅感。

第三，我们最熟悉的剪辑术语："动接动、静接静"。在"动接动、静接静"中通常要遵循这样的原则，把主要的画面主体运动状态或摄影机的运动状态在剪接点前后保持一致。

静接静：要遵循的就是内容上的连续，同时保证镜头间逻辑关系的成立。例如展现森林中品种繁多的植物，我们可以单个镜头固定机位拍摄，后期组接到一起，形成一段完整语意的影像。

动接静：运动镜头去接静止镜头，我们要尽量保证两个运动镜头的运动状态相对于趋缓或者是接近的时候才可以。

静接动：比如说静止镜头具有运动趋势时，才可以组接运动镜头。

动接动：之前提到过，相同动势的视频可以组接起来。目前，不少自媒体作品中追求视觉奇观，动接动的原则也不一定墨守成规。大量依靠酷炫的运镜呈现效果的自媒体作品很好地说明了这一点。

（二）动作剪接点

在主体动作剪辑中，要保持前后动作衔接的连贯，并且清楚描述一个动作过程，剪接点的位置选择至关重要。

1. 相同主体动作剪接点

大多数情况下，相同主体的动作过程是将不同镜头重新安排剪辑后重现动作，包括了动作的分解和组合，并非实际动作的全过程。总的原则是在动作中切、在动作刚发生变化的瞬间切。具体来说，相同主体动作的剪接可以采用以下两种方法。

①分解法

分解法，即不省略整体动作过程，而以不同的景别或角度，将同一完整的动作过程表现出来。电影《无间道》中刘德华与梁朝伟在天台相遇的经典片段，一个连贯的举枪动作被分解成5个快速组接的短镜头展现，渲染出当时剑拔弩张的气氛。

②省略法

省略法，即省略其他无关紧要的过程，由若干个主要动作片断组成完整动作。一般可直接跳接或插入具有代表性的动作片断的镜头，使两个动作局部衔接。

电影《饮食男女》片头，用了近40个镜头表现名厨老朱为女儿们准备美餐，其中烹鱼一段用了8个镜头，将抓鱼、杀鱼和刮鳞、剖鱼、片鱼肉、裹面粉、炸鱼等动作片段干净利索地组接在一起，省略了每个动作首尾拖沓或冗杂的地方，建立起完整的动作序列。这里需要注意的是，自媒体创作中，例如在记录美食或工艺制作的视频中，通过分解动作多角度、多景别表现及通过省略冗长、突出重点，就能高效、完整且具有观赏性地传达出整个制作流程。

2. 不同主体动作剪接点

不同主体动作的剪接，可以采用错觉法，即利用人的视觉暂留现象和上下镜头内主体动作在运动方式、运动速度、运动态势、空间位置及景别等方面的相似性，将不同动作片断连接在一起，造成动作连续的视觉错觉。例如画面主体的形状、结构内容如果相似，可以形成很好的匹配效果。电影《精神病患者》浴室谋杀场面中，下水道旋转的水涡与被杀女人放大的瞳孔在形状和结构内容上相一致。

（三）光线、色彩和影调

一般在选择镜头、组接镜头时，也需要考虑光影、色彩的搭配，才能保持全片视觉风格的统一。光线、色彩、影调的过渡要自然，在总体效果上保持前后的顺承一致和画面风格的和谐统一。目前，比较主流的剪辑软件都有调整画面明暗和色调的控制器。如果上下两个画面因为光线、色彩等方面结合突兀，创作者可进行简单的调平工作。如此精细的调整就是要避免相邻镜头的光线、色彩和影调反差过大，产生视觉上的不和谐，使人感到生硬、不连贯，影响内容的流畅表达与观众的接收感受。当然，和之前的原则一样，反原则的匹配也会出现戏剧性的效果。例如影片中通常通过有意的明暗对比、色彩变化、影调搭配来抒发特定的情感，表达人物的情绪，构成叙事段落的区分和转换，使画面衔接生动而富于艺术性的变化。

（四） 镜头长度与节奏

确定每个镜头的长短，首先要看镜头所表现的内容，以情节韵律、节奏的反映为前提，充分表现内容。一般情况下，长镜头抒情，并能较为全面地展现电影时空；而短镜头则会保留重点，去除冗长，加快影片的节奏。创作者根据内容需要可以选取固定画面快速切换产生强烈的节奏感，也可以选取舒展的运动镜头组接产生徐缓的节奏。好的影像作品都是张弛有度的。

（五） 声效

上一章中提到过影视作品中的声音一般分为人声（对白、旁白、独白、解说词）、音乐、音响等。处理声音剪接点时需要注意保持声音（包括采访、现场声音等）的连贯性和保持画面的连贯性是同样重要的。前后镜头在声音过渡上要平缓连贯，不要忽高忽低；在处理比较复杂的现场同期声时，一般选择相对连贯又能反映现场情况的声音线，铺陈对应于画面中，以保持声音连贯。拍摄现场我们往往会注意到录音师会要求全场安静1-2分钟录制环境音，这里的环境音就是后期中能够连贯过渡前后两个镜头重要的声音采样。另外，声音剪接点大多选择在完全无声处，即声音的停顿或暂时停顿处，比如人物说话换气处、音乐乐句、乐段转换点等，这样可以保持声音完整，也比较容易衔接。

①对白

上一章中提到的声画同步、声画分离是对白剪辑中常用的方式，这里不再赘述了。

②音乐

影像作品中音乐起到了推进情节或渲染情绪与氛围的作用，主要分为两类：一类是参与故事情节的有声源音乐，在画面中可以找到发声体，或与故事的叙述内容相吻合；另一类是非参与故事情节的无声源音乐，主要起渲染情绪、突出主题、刻画人物的作用。在作品中，要尽量避免音乐与作品分割开来。音乐在影像作品中不是自成系统、独立存在的，而是作为一个组成元素，为影片主题、人物、情节的塑造和发展服务的。因此，音乐在后期的处理上应避免复杂的配器和强烈的音响去与画面争夺观众，而应当采用不引人注目而强有力的方式支持画面，正如美国电影理论家林格伦所说"最好的电影音乐是听不见的"。好的电影音乐能使原本平实的电影回味深长，熠熠生辉；好的电影音乐更要符合观众的心理，使他们产生共鸣，能够完全融入电影情节中去。

③音效

音效又包括效果音、氛围音等，效果音一般是指除音乐和对白之外的所有声音，人为创作的具有戏剧性的效果的声音。有些音效可以从自然界取得，或是从现场收音；但是有些声音因为现场做不出来，或是现场收音状况不好，所以要由音效师后期拟音。音效的剪辑要与环境特征和主体动作相匹配，根据剧情设定的具体情境，以人物的动作和情绪为依据，衬托人物情绪、渲染人物内心活动、烘托人物性格，同时凸显环境特征，形成特定氛围。好的音效运用可以帮助观众快速地进入影片的氛围里，感受这场戏的情绪。例如，创作者拍摄一段下雨的片段，可为此片段增大雨声、风声和雷电等混合音效来渲染环境的恶劣；相反只增加轻柔细雨声则更能凸显下雨时的寂静。

④解说

Vlog、生活类或知识分享类视频，自媒体创作者通常也会担任作品的解说工作，解说的剪接是以解说词的内容为依据，与画面内容搭配进行剪接。解说最需要注意的就是避免解说词与画面不匹配，也就是我们常说的"声画两张皮"。目前，像剪映等剪辑软件推出了AI配音功能，并且已经被许多创作者应用到了自己的作品中。但也要考量方便带来的后果就是，AI的声音还是不能像真人一样自然，所以一些科普类影像作品我们尚可以使用，但是涉及一些个人情感的解说，还是尽量避免使用。

（六） 轴线

轴线是一条假想的直线，指被摄对象的运动方向、视线方向或不同对象之间关系而产生的一条看不见的线。所谓轴线规律是指在用分切镜头拍摄同一场面的相同主体的时候，摄像机镜头的总方向必须限制在同一侧（如果轴线是直线，则拍摄点应该在这条线的同一侧的180度以内）。轴线一般分为以下三种：

1、动作轴线

动作轴线也叫纵览运动轴线，指被摄主体运动的方向、路线或轨迹。如铁轨是火车的运动轴线，河道是船只的运动轴线，马路是车辆的运动轴线，人的运动路线则是人的运动轴线等。运动轴线可以是直线，也可以是曲线。拍摄时要求机位、方向保持在轴线的同一侧。剪接时要求将在轴线同一侧拍摄的镜头组接到一起。

2、关系轴线

人物关系轴线指两个人之间的连接线或两个以上静态主体每两者之间的连接线。如果屏幕上只出现两个主体，形成一根关系轴线，那么拍摄各个镜头的总方向，必须保持在这根线的同一侧180°以内，为的是使观众从一连串剪辑后零碎的空间片段中获得完整的空间概念，首先要保持他们的方向感，也就是让他们知道自己是从哪个方向观看这个空间的。在一组镜头中始终保持在同一侧拍摄，得到镜头在组接后就能保持一个清晰的方向感，这就是轴线原则。比如拍摄两个人对话，先用一个镜头介绍它们的位置关系，这时候轴线就已经确立了，用一条线把两个人的位置连起来，这条线就是他们的关系轴线。接下来，摄影机只要在轴线的这一侧的180度内拍摄，得到的镜头组接后就不会打破影片空间的完整性（图4-1）。所以轴线原则也被称为180°原则。在这侧180°范围内，所有机位的变化都是被允许的。实际拍摄中，如果出现的主体不止两个，就要根据具体情况进行分组，确定一条主要的关系轴线。

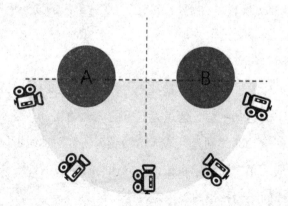

图 4-1

3、人物方向轴线

人物方向轴线是静止的单一主体到它对面支点的假想线，也就是人的视线。分切镜头的机位必须在这根轴线的同一侧。当画面中既有动作方向轴线，又有人物关系轴线时，可以以其中一条轴线为主，参考另一条轴线进行剪接。

在前期拍摄时，由于创作者未充分意识到轴线问题，或者即使前期拍摄时建立并遵守了轴线原则，但后期剪辑时须打乱原来的镜头次序重新组合，就可能产生跳轴现象。跳轴指的是跳过轴线到另一侧去拍摄，结果是主体的运动方向和位置关系前后不一致，主体的背景也会呈现不一致的状况。一般在镜头拍摄、剪辑中不允许跳轴，因为如果把跳轴拍摄的镜头剪接到一起，就会造成观众理解上的混乱。如把不在同一侧拍摄的一个人行走的两个镜头连接起来，就会看到这个人一会是从左到右，一会又从右向左，破坏了空间的统一感。如前一个镜头表现刚启动的火车离站，火车自右向左行驶，如果下一个镜头跳轴拍摄，火车就会变成自左向右行驶，给人开回车站的感觉。因此，不论镜头的拍摄角度和运动方式如何变化，同一组相接的镜头拍摄一定要遵循轴线规律，保证被摄主体的位置关系和运动方向总是一致的。

虽然在实践中，通常情况下跳轴的镜头是不能组接的，但我们可以借助一些缓冲因素或其他画面过渡，进行合理越轴。比如：

· 插入骑轴镜头。

· 插入运动主体明显改变运动方向的镜头。

· 插入人物主观镜头。

·插入交代环境的空镜头。

·利用摄像机的运动越过轴线，跟拍展示越轴过程。

轴线方向的统一是为了交代清楚空间方位。不过，创作者有时会为了追求特定的艺术效果，刻意将跳轴的镜头组接在一起，用视觉上的不和谐暗示剧情。

（七）转场

转场是指段落与段落、场景与场景之间的过渡或者转换。转场是影片的黏合剂。它对影片的流畅度、情节的发展都有着重要作用，不同的转场技巧对剧情衔接、剧情走向、影片节奏、观众情绪等都会产生不一样的效果。

转场分为两种：技巧转场和无技巧转场。无技巧转场是用镜头自然过渡来连接上下两段内容，主要适用于蒙太奇镜头段落之间的转换和镜头之间的切换，强调视觉的连续性，种类繁多。运用无技巧转场方法需要注意寻找合理的转换因素和适当的造型因素，并不是任何两个镜头都能适用。技巧转场是通过视频编辑软件附带的一些技术技巧命令，对两个画面的剪辑进行特技处理，完成场景转换的方法。

1、无技巧转场

①相似转场

上下两个镜头主体相同或相似，或者在造型例如物体形状、位置、运动方向、色彩等具有一致性，使得视觉上更加连续，转场更加顺畅。

②逻辑转场

前后镜头具有因果、呼应、并列、递进、转折等逻辑关系，使得段落过渡更加合理自然，还可以利用两个镜头之间的逻辑关系来制造某种视觉假象，使得场面转换更加具有戏剧性。

③反差转场

利用上下两个镜头在景别、运动变化等方面的对比，形成明显的段落区隔。一般以大景别结束，小景别开场，会加快叙事节奏；以小景别结束，大景别开始，叙事节奏会更加从容。最常使用的是两极镜头的运用，由于前后反差大，能够制造更强的段落间隔效果，有助于加强节奏。

④空镜转场

空镜头是指以景物为主，没有人物的镜头，例如田野、天空、飞驰而过的火车等等，它的作用一般是以刻画人物心理，渲染气氛为主，为情绪抒发提供空间，另外也会为了叙事的需要，表现时间、地点、季节的变化等。

⑤运动转场

分为摄影机运动、主体不动；主体运动、摄影机不动两种形式。这种转场方式真实、流畅，可以连续展示一个又一个空间的场景，大多强调段落间的内在连贯性。在运动转场的技巧中，出画、入画是被经常使用的转换时空的手段。

⑥声音转场

用音乐、音响、解说词、对白等和画面的配合实现转场。声音转场有三种方式：第一种是利用声音自然过渡到下一阶段，承上启下、过渡分明、转换自然；第二种是利用声音的呼应关系来实现时空的大幅转换；第三种是利用声音的反差来加强叙事节奏及段落区隔。

⑦视角转场

主观镜头是指前一个镜头是人物去看，后一个镜头是人或物所看到的场景。借助人物视觉方向，来实现时空的转换。

2、技巧转场

①叠化

叠化是指在上一个镜头消失之前，下一个镜头已经逐渐显露，两个画面之间有一段重叠部分，一般用来表现时间流逝或者空间的转换。在两段素材不匹配的情况下也可以用来消解过渡的突兀感。一般使用的叠化转场都比较舒缓，常被电影作品拿来表现年代更迭、人物心理变化等，当然快速的叠化也可以将观众迅速带入下一个场景。

②淡入淡出

淡入是指从黑场逐渐显露出画面；淡出是指画面逐渐隐至黑场。一般应用于影片的开头和结尾处，实际编辑时应根据影片的情节、情绪、节奏的要求来决定。有时还会在淡入和淡出之间加入一段黑场，给观众以喘息的空间。前后镜头具有因果、呼应、并列、递进、转折等逻辑关系，使得段落过渡更加合理自然，还可以利用两个镜头之间的逻辑关系来制造某种视觉假象，使得场面转换更加具有戏剧性。

③黑屏

黑屏就是从画面直接切入黑场，没有任何的过渡阶段。对表现影片的节奏感和速度感，调动观众情绪、制造悬念，有非常显著的效果。

④闪格

闪格与黑屏类似，就是在两个画面之间插入一个黑场或者白场画面，由于时间非常快，观众甚至都还没有注意到画面带来的冲击感，就已经一闪而过。

⑤白化

当剧中出现亮光、闪光灯等元素时，白化转场才具备了基本的条件。白化是通过画面中的强光源逐渐扩散然后进入下一个画面，通常用来表现闪回、回忆、死亡等。

⑥划像

划像可分为划出与划入。前一画面从某一方向退出荧屏称为划出，下一个画面从某一方向进入荧屏称为划入。根据画面进、出荧屏的方向不同，可分为横划、竖划、对角线划等。划像一般用于两个内容意义差别较大的段落转换。

⑦定格

定格是指将运动主体突然变为静止状态。可以用来强调某一主体的形象、细节，强调视觉冲击力，一般用于片尾或者大段落结尾，也可以用来制造悬念表达主观感受。这里需要注意的是，创作者合理利用剪辑的转场技法，可以帮助推动故事的发展，改变故事的视角，让故事情节朝着你想要的方向去发展，同时让你的影片更加精彩。

综上，在了解并掌握剪辑的基本原理与知识点后，简单地归纳自媒体影像作品的剪辑技巧如下：

①规划好剪辑结构：在开始剪辑之前，提前规划好影片结构，确定需要用到的素材和场景。这样可以更好地组织素材，让影片更具有连贯性和逻辑性。

②剪辑节奏掌握：剪辑的节奏对影片的观感非常重要。根据场景

的需要，合理掌握剪辑的速度和跳转，以吸引观众的注意力。使用剪辑技巧如剪辑点、过渡效果、切入动画等，让影片更富有变化和吸引力。

③水平和垂直剪辑：除了剪辑场景之外，还可以尝试水平和垂直剪辑来增加影片的视觉效果。相机的移动、角度的变化及画面的对比度调整等技巧可以使影片更加生动有趣。

④音频处理：影像作品中的音频同样重要。确保音频质量清晰，与视频内容协调一致。可以调整音量、删减不必要的噪音或添加音乐等来提升观看体验。

⑤文字和字幕处理：如果需要添加文字或字幕来传达信息，确保选用合适的字体、颜色和大小，以便观众可以轻松阅读。还可以使用动态字幕或特效来提升影片的艺术效果。

⑥色彩调整：通过调整颜色的亮度、对比度、饱和度等参数，可以改变影片的整体氛围和风格。可以使用调色板、滤镜等工具进行精细的调整，以提高影片的视觉效果。

⑦渐变和过渡效果：使用渐变和过渡效果来平滑剪辑之间的切换，使影片更加连贯流畅。可以使用淡入淡出、擦除、推入推出等过渡效果来增加影片的美感。

⑧快速剪辑：对节奏较快的场景，可以使用快速剪辑技巧来传达紧张和充满活力的感觉。通过快速剪辑和快速切换画面，增加影片的节奏感和冲击力。

⑨定期备份：在剪辑过程中，定期进行备份影片素材和剪辑项目文件是非常重要的。这样可以避免意外丢失素材或剪辑进度，确保剪辑过程的连续性。

思考：

1. 请谈一谈动作片激烈打斗场面与爱情片抒情场面的镜头长度与剪辑节奏有何区别？

第三节 自媒体影像作品的剪辑思维

自媒体影像作品的剪辑风格各有不同，取决于内容和创作者的个人剪辑思维。剪辑思维是指在影像剪辑过程中的思考方式，它对影像制作的质量和表现力至关重要。

第一，剪辑思维可以帮助创作者构建清晰、有吸引力的故事结构。通过分析和理解素材的内容、情节和主题，创作者可以确定适当的剪辑方式和顺序，使故事得以流畅推进，步调合理，吸引观众的注意力。

第二，剪辑思维可以帮助创作者通过选择特定的画面、镜头和剪辑方式来达到所期望的视觉效果。创作者可以运用剪辑思维来呈现影像的美学和情感导向，通过音乐、声音和画面的组合来创造出观众期望的视听体验。

第三，剪辑思维可以帮助创作者掌握节奏和节拍感，使影像剪辑更具有节奏感和动态感。通过合理的剪辑决策和转场选择，创作者可以使画面的流动、切换和配乐的节奏相协调，营造出紧凑且富有张力的节奏感。

第四，剪辑思维可以帮助创作者有效地传达影像中的信息和主题。通过剪辑语言的运用，创作者可以通过视觉的组合和变化来强调、隐喻或暗示特定的信息。创作者可以通过剪辑思维，以有力的画面语言和剪辑技巧来传达出所希望的意义和观点。

第五，剪辑思维可以帮助创作者引导观众的注意力，控制观众的情绪和体验。通过剪辑的节奏、画面的构图和音乐的运用，创作者可以有效地引导观众的视觉焦点，控制观众的情绪起伏，创造出对观众有深刻共鸣的影像体验。

总的来说，剪辑思维在影像制作中的重要性不可忽视。它涉及到故事构建、情感传达、视觉呈现、信息传递和观众引导等多方面，可以帮助创作者创造出具有艺术性和观赏性的影像作品。以下是一些常见的自媒体影像作品剪辑风格：

①快节奏剪辑：这种风格常见于搞笑、娱乐和体育等领域的影像作品。通过快速地剪辑和切换，增强影片的节奏感和幽默感。

②叙事性剪辑：这种风格常见于纪录片、故事类影像作品。通过合理的剪辑安排和切换，讲述一个完整的故事，强调情节的发展和故事的张力。

③感性剪辑：这种风格强调影片的情感表达和共鸣。通过音乐、画面效果和节奏的调整，打动观众的情感，传达出影片的温暖、感人或震撼的氛围。

④艺术剪辑：这种风格强调影片的艺术性和创意性。通过特殊的剪辑处理、色彩调整和画面构图，创造出独特的视觉效果和艺术感。

⑤文化剪辑：这种风格常见于探索某个文化背景或特定领域的影像作品。通过剪辑和音频的处理，传达出特定文化的特点和氛围。

⑥VLOG风格：这种风格强调个人真实性和亲和力。通过剪辑和镜头语言，展现自己的日常生活或旅行经历，与观众建立密切的互动和共鸣。

　　我们日常接触到的自媒体影像作品剪辑风格是多样且个性化的，每个创作者都可以根据自己的创作目的和观众需求来选择和发展适合自己的风格。无论选择哪种剪辑风格，都应该注重传达信息、吸引观众、保持连贯性和流畅性。重要的是找到适合自己的风格，并通过实践和探索，不断提升自己的蒙太奇思维和创作水平。

一、培养蒙太奇思维

　　蒙太奇是影视艺术创造的独特手段。邓烛非先生在《蒙太奇原理》中将蒙太奇理论归纳为了九种："蒙太奇是镜头剪辑的方法；蒙太奇是镜头组接的方法；蒙太奇是镜头的冲突；蒙太奇是处理现实的方法；蒙太奇是模仿观察者注意力的方法；蒙太奇是电影的特殊手法；蒙太奇是动作的分解与组合；蒙太奇是电影场面与段落的结构方法；蒙太奇是电影的时间造型的手法"[1]。不论编剧、导演还是后期剪辑，都需要训练培养自己的蒙太奇思维。有意识地去琢磨蒙太奇的含义，作为一种结构方式，一种叙事手法或是一种表现形式，蒙太奇的运用就像之前提到的库里肖夫的实验，是排列和组合，是无穷尽的。创作者可以在其中找到一种最契合表达的方式来呈现作品。

　　蒙太奇作为一种结构法则，对影视语言的诸多元素实行整合；蒙太奇作为一种创作思维方式，对生活素材实行分解与选择，形成电影素材——镜头；蒙太奇作为一组组接法则，最后具体落实为剪辑，形成一部完整的影视作品。而蒙太奇就是在处理画面与画面、声音与声音、画面与声音之间的组合关系，以及由这些关系所产生的叙事、表

意和美学的需要。

实际创作过程中，我们会发现蒙太奇思维在文学剧本的构思阶段已经产生。我们在撰写脚本或方案时会不自觉地在大脑中产生一个画面或一段基于文字的想象。"我有画面了！"就是蒙太奇思维的介入。中期，蒙太奇思维也渗透在导演的整个创作活动中，从分镜头开始到将一系列在不同地点、不同机位和角度，以不同方法拍摄的手法进行合理安排与创造性组合。后期，蒙太奇思维体现在影片的剪辑、声画合成阶段。所以，创作者在运用蒙太奇思维处理影片的各个元素时，要使思想与形象、形式与内容、局部与整体、主观与客观等诸多方面达到有机统一。

蒙太奇思维贯穿整个电影的创作过程。创作者根据主题的需要、情节的发展、观众的注意力和关心的程度，将全片所要展现的内容分解为不同的段落、场面、镜头，分别进行处理和拍摄，再将拍摄好的镜头、场面、段落，合乎逻辑地、富于节奏地重新组合，产生连贯、对比、呼应、联想、悬念等效果，结构成一个条理贯通、连绵不断、生动感人的有机的艺术统一体。对蒙太奇种类的划分方法有多种，这里是从它的目的或产生的作用划分的。概括地说，从这一角度划分的种类只有两大类——叙事的和表意的。

二、叙事蒙太奇

叙事蒙太奇由美国导演大卫·格里菲斯首创，最为常见，以交代及展示事件为主旨，按照叙述的顺序来组合镜头、场面和段落，引导观众理解剧情，一般情况下要求逻辑连贯清楚。叙事蒙太奇主要包括：

1. 连续蒙太奇

连续蒙太奇指沿着单一的情节线索，按照事件的逻辑顺序，有节奏地进行连续叙事。这种方式的叙事平顺朴实、自然畅达，易于理解和跟随。

在电影《宇宙探索编辑部》中，围绕解救被宇航服卡住的唐志军这一线索展开的一段情节就使用了连续蒙太奇。从唐志军穿宇航服——与投资方合影——宇航服卡住脱不掉——找开锁师傅——师傅上楼打不开——唐志军缺氧晕厥——叫救护车——医生无法施救——叫119——救援队来——从窗户吊出唐志军——切割机打开宇航服——救援成功。整个过程围绕单一线索，按照事件发展顺序相连，没有省略，产生了一种黑色幽默的效果。连续蒙太奇在这里带来的效果是成功，是创作者特意而为之。但一般情况，由于缺乏时空转换和场面变化，容易产生平铺直叙、沉闷冗长之感。它也无法直接展示同时发生的情节，难以突出各条线索之间的对列关系，矛盾冲突不够激烈，缺少悬念和刺激，难免显得单调、乏味。所以连续蒙太奇很少单独使用，多与颠倒蒙太奇、平行蒙太奇、交叉蒙太奇等混合使用，相辅相成。

2. 平行蒙太奇

平行蒙太奇常以不同时空（或同时异地）发生的两条或以上情节线并列表现，分头叙述事件，却始终统一在一个完整的结构中。

使用平行蒙太奇处理剧情，可以通过删减概括情节，同时节省篇幅，扩大影片的信息量，加强影片的节奏；其次，由于这种手法是几条线索平行表现，线索间的互相烘托形成对比，容易产生强烈的艺术感染效果。

电影《党同伐异》中，把发生在四个不同世纪、不同区域的故事，并列在一部影片中分头叙述，中间用一个母亲摇婴儿摇篮的镜头进行连接，表明一个共同的主题，即任何时代都有排斥异己的事情。

3. 交叉蒙太奇

交叉蒙太奇又称交替蒙太奇，是将同一时间不同空间发生的两条或两条以上情节线索快速而频密地交叉剪辑在一起，各条线索之间相互依存、交替共进，并始终指向同一个方向，最后通过汇聚而形成矛盾冲突的解决。适于设置悬念，加强矛盾冲突，烘托和渲染紧张气氛和激烈情绪，是引导和控制观众情绪的有力手段。

电影《穿普拉达的女王》，电影的开头采用交叉蒙太奇的手法将女主安迪(安妮·海瑟薇饰)的生活与时尚界的女人的生活形成一个鲜明的对比：打扮随意与浓妆淡抹、出行拥挤与专车接送、早餐应付与精磨细泡……这一系列多镜头的切换、对比有效勾起了观众的强烈兴趣，增加了电影看点。

4. 颠倒蒙太奇

颠倒蒙太奇类似于小说中的插叙或倒叙，先讲结果，再介绍故事始末，最后回到故事现在的状态。根据剧情需要，打破动作和情节发展的时间顺序，从现在转到过去，又从过去回到现在，在时间上做必要的颠倒。表现为事件概念上"过去"与"现在"的重新组合。它常常通过人物的回忆，展示事情的原委、加大叙述的容量、造成叙述的跌宕，很大程度上能避免平铺直叙，便于设置悬念。常借助叠印、划变、画外音、旁白等转入倒叙。运用颠倒蒙太奇，打乱的是事件顺序，但时空关系仍须交代清楚，叙事仍应符合逻辑关系，事件的回顾和推理都以这种方式结构。

电影《误杀》中，在整体上便采用了颠倒蒙太奇手法。电影中用讲述的方式打乱听者的时间逻辑。让行程中每一个人将四月三号的事情记在了四月二号，由此入手渐渐展开情节，并在全片中随处巧埋伏笔，使每一段故事都有一段小高潮。更巧妙的是，此片中男主角李维杰（肖央饰）是一个电影迷，电影中的剪辑手法，被他巧妙地运用到现实世界之中。

三、表现蒙太奇

表现蒙太奇指以镜头对列为基础，通过相连或相叠镜头在形式上形成对照冲击，产生单个镜头不具有的丰富含义，表现某种情感、心理或思想。其目的不是叙述情节，而是表达情感和揭示意义。表现蒙太奇的形式主要包括如下六种：

1. 对比蒙太奇

对比蒙太奇指通过镜头或场面、段落之间在内容上或形式上的强烈对比，产生互相冲突而又互相强化的效果。类似文学中的对比描写。它是一种视觉上的并列现象，在我们思想里引起了一种对比。反复并列的手法，迫使我们把两者加以对照。构成镜头或场面的一切内容要素和形式要素之间，都可以设置比对，产生强烈的反差。这些不同包括景别、明暗、色彩、声音等等。

例如，在电影《长津湖》中，通过对比中国志愿军与美军的作战条件、物资食物及对生死的态度，突出中国人民志愿军战士保家卫国、不怕牺牲的精神。通过对立、强化对照的手法，让观众感受反差带来的强大震撼力，同时触发了观众内心的精神火花，再次点燃我们民族的集体记忆。

2. 积累蒙太奇

积累蒙太奇是指将一系列性质相同或相近的镜头组接在一起，通过视觉的不断叠加和积累，对一个细节的反复出现，强调这个细节产生的意义的理解。积累蒙太奇通常是通过对细节的反复组织，形成一种情绪。使用积累蒙太奇手法，能使画面更加丰富，单个镜头的含义可以被放大数倍，意境、内涵等也都成倍增加。

之前提到过影片《无间道》的天台对峙画面，一个动作分解为五个镜头来表现，其实就是积累蒙太奇，开枪的动作反复出现，形成一种积累的情绪。这里开枪与否并不重要，重要的是整个过程。

影片《巴顿将军》的开场，巴顿从占满银幕的镜头底部走上阶梯，对镜外的士兵训话，在训话中逐一用不同的景别表现巴顿的军帽、肩徽、佩戴的名贵手枪、军靴，巴顿的脸、步伐、走动的身躯、指挥的手势，我们看到了一位衣着讲究、气度威严、自信、脾气暴躁、满口粗话的将军，印象十分鲜明。

自媒体创作中，积累蒙太奇可以简单地使用就达到夸张的效果。

例如在美食类作品中，可以使用积累蒙太奇拼接多个大口吞咽的镜头，以达到传达食物美味的意图。

3. 隐喻蒙太奇

隐喻蒙太奇指通过两组或多组镜头、场面的对列与交替，将具有某种相似性特征的不同事物进行类比，含蓄而形象地表达某种寓意或情感。隐喻蒙太奇的存在，就是给导演一个方式，让观众心甘情愿地在隐喻蒙太奇的引导下，接受导演传达出的意识形态。另外，隐喻蒙太奇的运用，也可将电影的叙事性发挥得淋漓尽致，完成电影叙事与隐喻的融合。

4. 抒情蒙太奇

它的本意既是叙述故事，亦是绘声绘色的渲染，并且更偏重于后者。意义重大的事件被分解成一系列近景或特写，从不同的侧面和角度捕捉事物的本质含义，渲染事物的特征。最常见、最易被观众感受到的抒情蒙太奇，往往在一段叙事场面之后，恰当地切入象征情绪情感的空镜头。

5. 杂耍蒙太奇

杂耍蒙太奇是选择具有强烈感染力的手段加以适当的组合以影响观众的情绪，使观众接受作者的思想结论。杂耍蒙太奇20世纪20年代初，由苏联蒙太奇学派代表人物谢尔盖·爱森斯坦在戏剧与电影创作实践中采用并在理论上提出的一种结构演出的方法。在自媒体影像作品中，可以通过杂耍蒙太奇来增强影片的视觉冲击力和娱乐性。

6. 心理蒙太奇

心理蒙太奇是人物心理描写的重要手段，它通过画面镜头组接或声画有机结合，形象生动地展示出人物的内心世界，常用于表现人物的梦境、回忆、闪念、幻觉、遐想、思索等精神活动。假设一个自媒体影像作品探讨人类情感体验，主题是寂寞与温暖，通过心理蒙太奇技巧，创作者可以创造出观众内心的情感变化和思维转变。

以上是一些蒙太奇思维与运用的不完全举例。创作是自由无限的，我们在掌握创作规律的前提下，才能更好地发挥自己的主观能动性，将蒙太奇思维嵌入到作品创意中，合理地将蒙太奇思维运用于自媒体创作当中，充分发挥出视听语言的魅力。

附录：

一、日常剪辑软件——剪映

剪映是一款视频编辑工具，带有全面的剪辑功能，支持变速，自动生成字幕、AI配音，多样的滤镜和美颜的效果，有丰富的曲库资源。支持在手机移动端和电脑端使用。如果你想简单地剪辑且高效地出片，那么剪映无疑是个方便的工具。

优点：手机剪辑很方便，各类模板众多，收费的项目根据个人需要进行选择，能够完全满足用户简单剪辑的需求。

缺点：虽然目前各平台都有覆盖，但由于一开始针对的是手机短

剪映 - 轻而易剪

打开

视频平台，整体以"方便快捷"为主，除基本剪辑功能外，其余功能不如专业剪辑软件完善。

二、专业剪辑软件

1、Adobe PremierePro

Adobe Premiere Pro

简称pr，一款功能强大的视频编辑软件，由Adobe公司推出，是一款简单易学、应用面广、专业稳定的视频剪辑（影视制作）软件。目前在广播电影电视、视频工作室、栏目包装、短视频制作、宣传片、MTV音乐电视等制作领域广泛应用。

2、Final Cut ProX

Final Cut Pro X

Final Cut ProX是苹果公司自行开发的一款专业视频非线性编辑软件，可用于创建、编辑和制作最高品质的视频。Final Cut ProX为原生64位软件，基于Cocoa编写，支持多路多核心处理器，支持GPU加速，支持后台渲染，可编辑从标清到8K的各种分辨率视频。同时，对创作者比较友好的是，Final Cut ProX会实时自动保存，如果发生电脑卡顿、死机或遭遇停电，开机后打开软件依然能够继续创作。

3、达芬奇

DaVinci Resolve

DaVinci Resolve是一款在同一个软件工具中，将剪辑、调色、视觉特效、动态图形和音频后期制作集于一身的软件。它采用美观新颖的界面设计，易学易用，能让新手用户快速上手操作，还能提供专业人士需要的强大性能。推荐它的原因在于达芬奇的视频调色功能比上面的premiere和fcpx要强大，视频后期最重要的两步就是剪辑和调色，如果创作者对视频色彩要求很高，那可学习一下达芬奇软件的使用。

总结：入门学习视频剪辑，可以先从简单的手机App开始，用剪映App就够了。熟悉掌握剪切、变速、添加字幕/背景音乐这些基础的视频剪辑操作。

当发现剪映满足不了创作需求时，可以考虑使用：Adobe Premiere Pro（简称Premiere，兼容windows、mac）、Final Cut ProX（简称Fcpx，仅mac使用）、DaVinci Resolve（简称达芬奇，兼容windows、mac）。

第五章
自媒体媒介素养

第一节 自媒体时代的媒介素养

一、媒介与媒介素养

探讨自媒体媒介素养的理论，我们先要从媒介素养的起源开始。

什么是媒介？一般狭义上的媒介主要是指传播的媒介，在用法上，从承载的意义上的分类说法比较常见，比如纸质、电子、网络，甚至包括古代的器物，如青铜、铁器、竹板、甲骨等都能成为媒介。著名传播学者M·麦克卢汉在其重要的著作《理解媒介：论人的延伸》中提出了对媒介传播学说的发展非常有影响力的观点，即"媒介即讯息"。如果说在传统的媒介观上，我们还需要把媒介内容与媒介载体做二元区分，那么M·麦克卢汉对媒介的观点则实现了两者的统一。任何媒介内容都可以是讯息。在这一点上，自媒体越来越发达的现在，这统一性的观点，显得尤为重要，任何形式的内容都会通过自媒体平台成为讯息，并且借助网络实现信息的传播。

而媒介素养这一词，是20世纪30年代由英国文学批评家利维斯和他的学生丹尼斯共同出版的《文化环境批判意识的培养》一书中提出的。他们坚定地认为，由大众传媒传播的大众文化对传统文化是一种巨大的侵蚀与破坏，这种大众文化对学生的培养只会养成一种"低水平满足"的意识。这种大众文化的教育还暴露出两个需要迫切注意的问题：一是容易形成分析评判媒介内容文本的片面观点，对媒介文本制作、传播和消费的过程及社会情境媒介形式对内容表达的影响等内涵缺失；二是过于注重价值批判，总是试图给予直接的好坏、对错的标准答案。因此，书中提出需要重视对文化的保护，更要重视对媒体素养的全面培养。

随着时代的发展，在新的传播技术影响下，媒介受众已经不仅仅依靠纸质的文字进行信息的获取和阅读，在面对计算机算法推荐，以及大量的视听素材时，对人所需要具备的素养就更为要求全面。这种全面性不仅在于传播者本身在面对海量信息时代下所拥有的个人有限知识背景之间的张力，还在于接收者作为参与、互动乃至于批判传播过程及效果中的个体素养。

当然，对于自媒体从业人员及想要进入自媒体领域的爱好者来说，在国家法律规范要求及响应社会道德准绳的约束下，进行媒介活动，是首要的前提。就当下较为常用的平台，如抖音平台，也会根据国家和社会各方面的要求和发展，定期更新抖音规则中心，以引导、约束、规范各种自媒体传播行为。

在这里，我们对"媒介素养"的总体定位是：媒介素养是指人们接触媒介、获取信息、解读和接受讯息并利用媒介工具传播信息的知识能力和文化素养。

信息时代，媒介素养尤为重要。它不仅包括信息判断的能力，而且还涵盖了有效创造和传播信息的能力。这不仅包括我们获取、分析、传播和运用各种形式媒体信息的能力，更进一步说，媒介素养还涉及到我们面对各种媒体信息时的选择、理解、质疑和评估能力，以及我们的思辨性应变能力和创造、制作媒体信息的能力。

作为一种素养，它不仅局限于个人，也涉及到社会环境、社会组织、媒体机构和权力机构。它要求我们理解大众媒体的影响，并以一种多角度、批判性的方式来接近、分析、评价和响应大众媒体。

媒介素养是现代公民必须掌握的一种能力，它包括对媒体的全面认识、批判性理解和积极参与使用。只有在全面了解媒体的前提下，我们才能对媒体内容和现象进行针对性的批判，最后以此实现"媒体为我所用"。

总的来说，媒介素养是对各种媒体特性和功能的认知，对媒体传播信息的解读和批判，以及参与和使用媒体及其信息来服务个人生活和社会进步的能力。

二、媒介素养的意义

媒介素养包括三个层面的意义：第一个层面是个人能够简单地意识到如何合理地选择及分配媒介使用时间；第二个层面是掌握具体的、批判性的媒介使用能力，如学会分析和质疑传媒的构架和信息；第三个层面是能够深入到传媒表层框架内，进一步挖掘媒介信息之所以被生产出来的目的。

那么，媒介素养何以如此重要？

同样有三点：第一，媒介素养决定了人们是否保持敏锐的洞察力来分辨"媒介世界"和"现实世界"的界限；第二，媒介素养是决定人们能否对传媒信息进行去伪存真、去粗取精甄别，乃至合理使用，最终形成独立判断与健全人格的关键；第三，媒介素养是建构现代公民综合素质的基本指标。

三、自媒体媒介素养的界定与现状

什么是自媒体媒介素养？

自媒体媒介素养可定义为个人在自媒体环境中获取、理解、评估、创造和分享媒体信息的能力。这不仅包括基本的媒体理解和使用，还包括批判性思维和道德责任。自媒体媒介素养的核心是培养个体从海量的自媒体信息中识别和提取有用信息的能力，从而促进个体有效参与公共领域的讨论和决策。

那么，自媒体媒介素养面临的现状和问题都有哪些？

1.低俗内容污染网络环境

自媒体平台的内容生产模式主要是UGC（用户生成内容）。这种模式在丰富自媒体平台内容的同时，也存在一些隐患。低俗内容是自媒体平台上的一颗毒瘤，严重污染了网络环境，尤其是对于尚未具备良好辨别能力的未成年人来说，更是构成了重大隐患。目前，经过多方面的监督管理，低俗内容现象有所改善，但其表现形式也更加多变和隐蔽，难以及时发现。

2."伪原创＋标题党"VS原创内容

"差评"洗稿事件发生后，"洗稿"一词正式进入公众视野，揭示了近年来一些自媒体从业者不是在想方设法提高内容质量，而是在绞尽脑汁地进行"洗稿"的问题。这种行为不仅侵犯了原创内容提供者的合法权益，也造成了同质化内容的泛滥。此外，"标题党"的行为也令人深恶痛绝。

3. 虚假流量破坏网络生态

流量是衡量自媒体发展的重要指标，也是自媒体能否变现的重要依据。然而，一些自媒体从业者产生了流量至上的价值观，为了获得更多的阅读量、点赞量、转发量等，不惜花钱买数据，进行流量造假。

4. 网络谣言扰乱了网络秩序

技术赋权使公众更容易表达观点，信息传播效率更高，但同时也为谣言提供了更广阔的传播环境。获取信息的成本越来越低，而了解事实和真相的成本却越来越高。谣言不仅威胁着网络空间，也会延伸到现实生活中，改变人们的行为。特别是在发生重大事件时，谣言的传播会加剧社会恐慌，从而破坏国家和社会的稳定。

5. 网络暴力损害他人权益

网络空间中的个体具有匿名性、虚拟性和隐蔽性的特点，言论更加自由和宽松，因此个体利用这一点在网络上自由表达，采取非理性行为。此外，观点相左的群体利用网络相互攻击、谩骂的现象也时有发生。网络暴力不仅侵犯了他人在网络空间的合法权益，也助长了网络空间的敌对情绪。

6. 历史虚无主义解构主流价值观

网络的开放让自媒体蓬勃发展，公众表达观点的渠道成倍增加，但也容易让别有用心的人有机可乘。比如，一些网民发表的观点不乏历史虚无主义。近年来，各种网络平台也陆续出现了质疑、嘲讽、侮辱民间英雄的不良现象。

当代的自媒体媒介素养和媒介素养有什么不同？

首先，自媒体媒介素养更加强调个人的主动性和创造性。在自媒体环境下，每个人都可以成为信息的生产者和传播者，这就要求个人不仅要有获取和理解信息的能力，还要有创造和分享信息的能力。

其次，自媒体的媒介素养更注重个体的批判性思维。由于自媒体信息的海量性和多样性，个体需要具备批判性思维能力，以辨别信息的真实性和可信度，避免受到虚假和误导性信息的影响。

第二节 自媒体媒介素养的关键要素

一、收集、识别和处理信息的技能

判断新闻报道的真实性是一个看似简单实则复杂的问题，没有一个单一的公式可以套用。大致说来，可以从以下三个角度判断新闻报道的真实性：

第一，新闻要素：简单地说，新闻的基本要素是5个W和一个H（who、what、when、where、why和how）。一般来说，一个故事应说明信息要素，这是新闻报道的基本要求。很多时候，我们可以从信息要素的使用来判断一篇报道的真实性。

第二，新闻来源：对于新闻工作者来说，寻找合适的信息源来了解事实、探寻真相，同时利用合适的信息源在报道中呈现事实，既是其职业精神的体现，也是信息真实性的必然要求。

第三，常识的考察：所谓常识，就是人们在长期实践中形成的经验和知识。从某种程度上说，常识是人们过去经验的总结。我们往往只需要根据常识来判断故事的真实性。

二、有效的信息传播战略

自媒体时代，有效的信息传播战略可以分为以下五条：

第一，微小视角，凸显细节张力：选题标准由"大而全"变为"小而精"，短视频的叙事方式和播放方式也发生了变化，不再是完整地呈现事件的形象，而是单一的、微小的视角，聚焦事件的某一个方面。这种小视角的叙事方式更符合手机用户的浏览习惯，避免了辅助镜头和内容的呈现方式，让用户在有限的时间内快速掌握关键信息。

第二，叙事场景化，提升代入感：短视频在叙事上具有"碎片化"的特点，但选择何种类型的碎片则需要考虑。对于一个完整的故事来说，事件场景无疑是信息量最大的片段，因此叙事场景在短视频创作中的重要性不言而喻。

第三，删繁就简，增强表达力：用短视频讲故事，要在"减法"上下功夫。大多数短视频都没有旁白和配音，而是辅以富含基本信息的文字说明和长标题的大字幕，通过简洁化繁为简。当然，这里的"简"是"简约"而不是"简单"，我们不能偷工减料，也不能含糊其词，清晰准确的表达仍然是新闻报道的基本原则。

第四，运用流行元素，增强感染力：对传统的纪录片音乐，我们一般会尽量减少重复，避免同质化，甚至会有意选择相对专业的作品来强调品味；而短视频则完全不同，背景音乐一般会选择大家耳熟能详的流行音乐，甚至是一些"洗脑"歌曲。

第五，短视频新闻解说词：它们在传播上的优势在于，它从微小的视角切入，浓缩故事的表达，借助流行元素，娴熟地运用现场讲故事的模式，弥补了传统媒体解说词冗长刻板、枯燥乏味的不足。

三、利用人工智能和创造性技能

人工智能（AI）是指人造机器所表现出来的智能。随着人工智能视频大模型的迭代升级，越来越多的AI工具在涌现。比如2024年初Open Ai公司出品的SORA工具，就已经能生成质量不错的超过1分钟的视频短片。作为自媒体媒介素养的关键要素，随着人工智能技术的发展，特别是自然语言处理、机器学习和数据分析等领域的进步，人工智能在自媒体领域的应用会越来越广泛。

第一，人工智能技术有助于自媒体领域的内容创作与分发。人工智能可以帮助自媒体人更高效地创作内容，例如通过AI写作助手生成文章，或者利用AI分析工具来确定热点话题和趋势。而当我们将人工智能的这些技术优势与人类的创造力、灵活性和同理心结合起来时，许多工作将被重塑，许多新兴的工作也将被创造出来。

第二，人工智能有助于提升自媒体人的数据分析能力。自媒体人可以利用人工智能的工具，强化数据分析的能力，进一步了解受众行为，优化相关自媒体的内容策略，从而更好地提高内容的吸引力和传播效率。

第三，人工智能可以帮助自媒体人监测和保护其作品的版权，防止未经授权的使用和分发。通过人工智能技术，自媒体人依靠图像识别技术或者自然语言处理技术，对相关自媒体内容进行识别，匹配受版权保护的内容，即使相关内容被修改或重新编辑后也能分辨。

当然，上述的三个方面，也仅仅是人工智能对于自媒体媒介素养的一部分积极影响，随着技术的深入发展，还会带来更多的便利和效率提升。但是，同时，我们也应该关注到人工智能技术对于自媒体发展所带来的风险和挑战。

举个例子来说，我们日常利用深度学习训练人工智能时，需要大量数据。如今的互联网时代，我们每个人每天都会在网上留下大量数据。这些数据固然能让人工智能为我们提供更加个性化和智能化的服务，但与此同时，如果数据被滥用和泄露，也会带来重大的安全隐患。

因此，对于自媒体媒介素养，在人工智能时代仍需关注以下三个方面的风险点，努力提升应对这三个方面的媒介素养。

第一，当代自媒体人需要提高对技术原理和平台数据的甄别和分析能力。传统媒体教育注重受众分析和内容筛选，通常围绕文本作者、题材来源、目标群体、传播效果等进行分析。对于自媒体人来说，了解平台的具体运作方式、算法如何处理不同的信息、有哪些传输方式、事实核查的方法是什么、为什么广告会以一种方式而不是另一种方式发送，这些在新时代都是至关重要的问题，而这更需要具备一定的媒体素养能力，才能实现对于媒体技术的高质量应用。

第二，当代自媒体人需要学会掌握和熟悉新的媒体技术与社会发展的关系问题。应当看到，自媒体对于社会的影响是方方面面的。新媒体技术已经深入人们的日常生活，极大地改变着信息传播的方式、人们的交流模式以及社会互动的结构。比如，社交平台的兴起让人们即使身处不同地域，也能实现实时交流和互动，这在一定程度上缩短了人与人之间的距离，增强了社会联系。同时，新媒体技术也为弱势群体提供了表达和发声的机会，有助于构建更加平等和包容的社会。

第三，当代自媒体人需要加强人工智能伦理方面的思考能力和素养。在数智时代，人工智能引发的诸多问题已经引起了国内外专家、学者的关注。如早在2019年世界人工智能技术大会上，国际上首次提出了人工智能伦理体系的规划与建设，其中就明确了确保人的监督和积极性、确保技术安全、加强隐私和数据管理、确保透明度、维护人工智能系统使用的多样性、非歧视性和公平性等准则。这也是人工智能伦理体系建设的又一进步。但这只是第一步，具体场景中如何落实伦理准则，还需要进一步思考和研究。

第三节 提升自媒体人的人文素养

自媒体作为一种新型的信息传播方式，在当今社会产生了深远的影响。比如，自媒体在促进农业发展、乡村振兴方面起到了很大的作用。许多农民通过自媒体平台，比如，短视频应用、博客、微博等，分享他们的农作物种植技术和农产品销售信息，从而吸引了更多的消费者和投资者。这不仅帮助农民提高了农产品的销售量，也带动了农村经济的发展。

但一些自媒体在传播个人信息时，可能会侵犯个人隐私，甚至可能引发网络暴力。例如，一位因为染粉色头发而被网暴的女生，她在遭受网络暴力的压力下，最终选择了离世。这让我们看到了自媒体在处理个人信息时，必须要尊重他人的隐私权，防止网络暴力的发生。

可以说，自媒体时代，"微传播"彻底改变了传播生态和舆论模式，个人不再是传统意义上的公众，而是成为信息舞台上的"第一发言人"。然而，受信息来源、传播渠道、个人素质等因素的影响，大多数人无法客观、全面地获取、生产、分享和传播信息。

自媒体时代，网络上也出现了一些需要关注的素养需求的呼声。那么，自媒体时代，究竟应该倡导哪些基本的人文素养呢？

第一，批判性思维：无论是自媒体从业人员，还是媒介受众，面对海量信息，独立思考以及带有批判性的思考就显得尤为重要。特别是需要认真评估信息的真实性和可靠性，而不盲目接受或传播未经证实的消息。

第二，信息辨别能力：作为自媒体受众，需要具备辨别信息来源和内容的能力，能够辨别是否有意识地误导、夸大事实、缺乏客观性或有其他不当行为的媒体内容，不轻信、不盲从，能学会从多个角度和来源分析信息。

第三，多元文化意识：互联网的表达是多元化的，受众需要尊重和欣赏各种文化和价值观的差异，能够接受和倾听不同观点的声音，并具备包容性和开放性的心态。

第四，社会责任感：好的自媒体受众，应具备社会责任感，意识到自己在信息传播中的角色和影响力，积极参与社会议题讨论，并促进积极的社会变革。

第五，遵守公序良知：好的自媒体受众具备良好的道德判断力，能够辨别是否有伦理和道德问题的内容，避免参与或支持不道德的言论和行为。

当然，对于自媒体的大量创作者而言，其人文素养的养成也需要遵循互联网的发展规律和基本准则。

比如，要崇尚内容原创：好的自媒体创作者，需要注重原创性内容创意，不盗用他人作品，有创新性想法，并且能够在语言和表达上深刻表现创意。

又比如，要拥有一份社会责任感：每个人既可以是传播的终点，也可能成为传播的起点，要意识到自己在信息传播中的角色和影响力，在传播中承担起必要的社会责任，具备正确的媒体观，与国家主流意识形态的要求保持一致，积极正确参与相关议题的讨论。

那么，我们又该如何提升人文素养？

第一，加强对于中华传统优秀文化的学习：当下的媒介发展，离不开优质的内容。如何实现自媒体的广泛有效传播，就需要对各种文化表达形式，包括文学、艺术、音乐等有一定的了解和欣赏，更要能够植根中华优秀传统文化，从中获取丰富的思想和情感体验，并且能够在内容中表现出对文化多元化的理解和欣赏。

第二，可以进行广泛的阅读。阅读仍旧是提升人文素养的重要途径。从各种书籍、报纸、杂志和网站中获取知识和见解，包括文学、历史、哲学、社会科学等各个领域的作品。通过阅读，可以拓宽视野、培养思考能力和丰富内在世界。

第三，开展多元文化体验。了解和接触不同文化背景的人和事物，包括参观艺术展览、观看多样化的电影和戏剧、品味各种音乐类型等。通过积极参与多元文化体验，可以培养对不同观点和价值观的理解和接纳能力。

第四，保持批判思维。对于自媒体中的信息，保持批判性思维，不轻信不加验证的消息，并学会辨别真实可靠的来源。培养批判思维可以帮助识别虚假信息，拒绝传播错误和误导性的内容。

第五，培养良好的沟通技巧：无论是作为普通用户还是创作者，良好的沟通技巧是必要的。学会倾听和尊重他人的意见，同时也能够清晰明确地表达自己的观点和思想。这有助于建立良好的互动和对话，促进深入思考和意义的交流。

参考文献：

1. 国家广播电视总局网络视听节目管理司，国家广播电视总局发展研究中心. 中国视听新媒体发展报告 (2023)[M]. 北京：中国广播影视出版社，2023.

2. 宿志刚、谢辛. 视听新媒体概论 [M]. 北京：人民邮电出版社，2019.

3. 谢杰. 新媒体视听节目制作 [M]. 北京：中国人民大学出版社，2023.

4. 王丽君. 数字媒体影像视听语言 [M]. 2 版. 北京：清华大学出版社，2021.

5. 陆绍阳. 视听语言 [M]. 3 版. 北京：北京大学出版社，2021.

6. 王丽娟. 视听语言教程 [M]. 2 版. 北京：中国传媒大学出版社，2023.

7. 国家广播电视总局发展研究中心. 中国广播电视全媒体发展报告 (2023)[M]. 北京：中国广播影视出版社，2023.

图书在版编目（CIP）数据

自媒体视听语言教程 / 孙智华主编. -- 上海：文
汇出版社, 2025. 2. -- ISBN 978-7-5496-4288-5
　Ⅰ. G206.2
　中国国家版本馆CIP数据核字第2024KG8680号

自媒体视听语言教程

主　　编 / 孙智华
责任编辑 / 邱奕霖
装帧设计 / 吴嘉祺
封面设计 / 赵释然

出 版 人 / 周伯军

出版发行 / 文匯出版社
　　　　　上海市威海路755号 （邮政编码 200041）
经　　销 / 全国新华书店
印刷装订 / 上海新文印刷厂有限公司
版　　次 / 2025年2月第1版
印　　次 / 2025年2月第1次印刷
开　　本 / 890×1240 1/32
字　　数 / 110千
印　　张 / 5

ISBN 978-7-5496-4288-5

定　　价 / 49.00元